빠르고 우아한 상향식 문제 풀이법

다이내믹
프로그래밍
완전 정복

다이내믹 프로그래밍 완전 정복

빠르고 우아한 상향식 문제 풀이법

초판 1쇄 발행 2019년 10월 4일

지은이 미나크시, 카말 라와트 / **옮긴이** 박상은 / **펴낸이** 김태헌
펴낸곳 한빛미디어(주) / **주소** 서울시 서대문구 연희로2길 62 한빛미디어(주) IT출판사업부
전화 02-325-5544 / **팩스** 02-336-7124
등록 1999년 6월 24일 제25100-2017-000058호 / **ISBN** 979-11-6224-206-3 93000

총괄 전태호 / **책임편집** 이상복 / **기획** 이상복 / **편집** 문용우
디자인 표지 이아란 내지 김연정 조판 백지선
영업 김형진, 김진불, 조유미 / **마케팅** 송경석, 조수현, 이행은, 홍혜은 / **제작** 박성우, 김정우

이 책에 대한 의견이나 오탈자 및 잘못된 내용에 대한 수정 정보는 한빛미디어(주)의 홈페이지나 아래 이메일로
알려주십시오. 잘못된 책은 구입하신 서점에서 교환해드립니다. 책값은 뒤표지에 표시되어 있습니다.

한빛미디어 홈페이지 www.hanbit.co.kr / 이메일 ask@hanbit.co.kr

지금 하지 않으면 할 수 없는 일이 있습니다.
책으로 펴내고 싶은 아이디어나 원고를 메일(writer@hanbit.co.kr)로 보내주세요.
한빛미디어(주)는 여러분의 소중한 경험과 지식을 기다리고 있습니다.

넌 이미 재귀를 능가했다

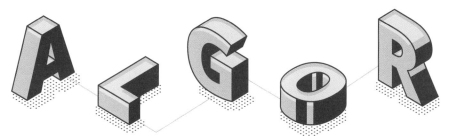

빠르고 우아한 상향식 문제 풀이법

다이내믹 프로그래밍 완전 정복

미나크시, 카말 라와트 지음
박상은 옮김

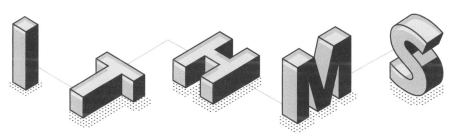

⊞ 한빛미디어
Hanbit Media, Inc.

지은이 · 옮긴이 소개

지은이 미나크시 Meenakshi

코딩 인터뷰 전문 스타트업 리탐바라 테크놀로지www.ritambhara.in의 공동설립자. 컴퓨터 사이언스 석사 학위가 있으며 기술 스타트업 창업가, 공인 요가 트레이너, 두 아이의 엄마 등 역할이 많지만 워라밸을 잘 유지하고 있다. 말하자면 삶 속에서 문제 풀이와 최적화를 실천하고 있다.

지은이 카말 라와트 Kamal Rawat

소프트웨어 개발자이자 교육자, 저술가, 사업가. 다양한 분야와 플랫폼에 걸쳐 대규모 데스크톱, 클라우드, 모바일 애플리케이션의 전체 수명주기를 구현한 경력이 있다. MS 원노트, 어도비 포토샵, 삼성 갤럭시 커넥트 등 난도가 높은 프로젝트의 기술 아키텍트를 역임했다. MS, 어도비 및 많은 스타트업에서 핵심 인터뷰어를 맡기도 했다. MS에서 시니어 SDE로 근무하다 2006년부터 학생들에게 프로그래밍 인터뷰 돌파법을 코칭하고 있다.

옮긴이 박상은 edberg.s@gmail.com

컴퓨터에 붙은 그림을 보고 애플이라는 단어의 뜻을 알게 된 이 땅의 흔한 개발자다. 포항공과대학교에서 전산학을, 한국과학기술원에서 인공지능을 공부한 덕분에 알파고와 스카이넷을 구분할 줄 아는 지혜를 갖추게 되었다. 메일, 브라우저, CMS, 도서 관리 시스템 등 일관성 없이 다양한 프로젝트에 참여했다. 이렇게 하여 물에 물 탄 듯한 경력이 완성되는 듯했으나, 최근 몇 년은 빅데이터 처리 관련 연구 개발에 집중했다. 현재 인공지능연구원의 Field AI팀 팀장으로 딥러닝을 활용해서 개인과 기업에 도움이 되는 서비스를 개발하고 있다. 특히 자연어 데이터와 금융 데이터를 딥러닝과 빅데이터 기술을 활용하여 분석하는 문제를 고민 중이다.

지금까지 세 권의 책을 번역했습니다. 세 권 모두 빅데이터와 딥러닝 등 전통적인 프로그래밍이 아닌 최신의 경향에 따라가는 책이었습니다. 그래서 오래된 접근법을 다루는 이 책의 번역을 제안받았을 때 잠시 고민했습니다. 하지만 원문을 읽어보니 이 책을 통해서 학교에서 프로그래밍과 알고리즘을 배우던 시절의 초심으로 돌아가보는 기회가 될 수 있겠다고 생각했습니다. 오래전 배운 개념들을 정작 현업에서는 사용해 볼 기회가 적었지만, 그간 훨씬 더 효율적으로 작성할 수 있었을 수많은 코드가 떠올랐습니다. 그리고 효율적이지 못했던 그 프로그램을 돌리느라 고생했을 CPU에게 미안한 감정도 들었습니다.

이 책은 면접자를 위한 실용서로 만들어진 책이므로 가급적 편한 어투로 옮기려 노력했습니다. 그리고 독자들에게 좀 더 효율적인 참고서가 될 수 있도록 책의 구성도 일부 수정했습니다. 이 책을 통해서 많은 독자 분이 좋은 면접 성과를 얻고 코딩 경진대회에서 더 나은 성과를 얻기를 기원합니다.

알고리즘을 다루는 많은 책이 다이내믹 프로그래밍을 '동적 계획법'으로 번역하곤 합니다. 다이내믹 프로그래밍이라는 용어의 특성상 독자들이 이를 '프로그래밍 방법론'으로 오해할 여지가 있기 때문에 이렇게 번역하는 것이라 생각합니다. 물론 다이내믹 프로그래밍은 단순한 프로그래밍 방법론이 아닌 문제 풀이 방식이 맞으며, 이를 프로그래밍 방법론으로 오해하면 면접에서 큰 낭패를 겪을지도 모릅니다. 하지만 면접 현장에서는 동적 계획법이라는 표현보다 다이내믹 프로그래밍이라는 표현을 통해 문제가 제시될 가능성이 높고, 또 현업에서도 다이내믹 프로그래밍이라는 표현이 더 많이 사용된다는 점을 감안하여 '다이내믹 프로그래밍'이라는 용어로 음차했음을 밝혀둡니다. 이외에도 이 책의 핵심 키워드와 그에 대한 역어는 다음과 같습니다.

원문	역어
recursion	재귀, 재귀 호출, 재귀 접근 방법
optimal substructure	최적의 하위 구조
overlapping subproblems	하위 문제의 반복 계산
memorization	메모 전략
top–down/bottom–up	하향식 접근법/상향식 접근법

원서는 C 언어를 사용해 예제를 제공하며, 우분투 리눅스 환경의 gcc 7.3.0 컴파일러에서 테스트했습니다. 하지만 최근의 경향을 반영해 예제를 파이썬으로 작성한 파일도 깃허브 저장소에 함께 올려놓았습니다(https://github.com/crapas/dp). 여기에서 원서의 C 언어 예제와 파이썬 버전의 예제는 물론, 연습문제의 해설과 코드를 내려받고 확인할 수 있습니다. 원서 예제 중 일부는 바로 테스트가 가능하도록 일부 수정했습니다.

또한 책 원문에는 없지만 알고리즘의 분석에 꼭 필요한 복잡도와 관련된 내용을 책 마지막 부록으로 추가했습니다. 시간 복잡도와 공간 복잡도에 대해서 이해가 필요하다면 이 책을 읽기 전 부록 A를 먼저 읽기를 권장합니다.

마지막으로, 원저자의 공간적 배경인 인도에 대한 이해가 일부 필요했는데, 이 부분에 도움을 주신 여행 작가 전명윤(일명 환타옹, https://www.youtube.com/user/trimutri100) 님께 감사드립니다. 또한 당신들을 위한 시간을 번역에 사용하는 이런 변칙적인 저에게 이해와 지지를 보여주는 가족에게도 감사와 사랑을 전합니다.

몇 년 전부터 학생들에게 코딩 면접을 준비하는 방법을 지도해왔습니다.

연결 리스트를 뒤집는 문제나 getMinimum() 연산을 추가하거나 스레드 안전한 큐를 구현하는 등의 자료구조 문제는 참조 가능한 이론을 찾을 수 있으므로 차라리 쉽다고 할 수 있습니다. 코딩 경진대회나 아마존, 페이스북, 마이크로소프트 같은 회사의 면접 등에서 주어지는 가장 어려운 부류의 문제는 다이내믹 프로그래밍의 범주에 속하는 문제입니다.

대부분의 다이내믹 프로그래밍의 문제를 풀기 위해서는 복잡한 자료구조나 프로그램 설계에 대한 이해보다는 올바른 전략과 체계적인 접근이 필요합니다.

어떤 문제들은 머릿속에서 구체화한 다음에는 프로그램으로 쉽게 바꿀 수 있는 정형적인 알고리즘의 형태를 갖추기도 하지만, 다이내믹 프로그래밍 문제는 구체화하기 어렵고 따라서 풀기도 쉽지 않습니다.

다이내믹 프로그래밍 문제는 최적의 하위 구조 특징을 보여주므로 이러한 문제를 구체화하는 최선의 방법은 재귀 호출을 사용하는 것입니다. 재귀를 사용하면 적절한 풀이법을 찾을 수는 있지만 일반적인 재귀 호출을 사용하는 알고리즘은 지수 시간만큼의 시간 복잡도를 갖습니다. 재귀 호출 과정에서 하위 문제를 여러 번 반복 계산하기 때문에 이런 엄청난 시간 복잡도를 가지게 됩니다.

다이내믹 프로그래밍은 하위 문제를 한 번만 계산하는 상향식 문제 풀이 접근법입니다. 대부분의 경우 이런 접근 방법은 직관적이지 않기 때문에 문제에 접근하는 방식의 변화가 필요합니다. 숙련된 개발자들조차도 다이내믹 프로그래밍 문제를 쉽게 해결하지 못합니다.

교사가 학생에게 다이내믹 프로그래밍에 흥미를 갖도록 하고, 개발자가 면접에서 알고리즘 문제에 자신 있게 답할 수 있게 하고자 이 책을 썼습니다. 또 이 책을 읽은 사람이라면 누구나 코딩 경진대회에서 주어진 문제에 접근하는 강력한 도구를 하나 갖게 될 것입니다.

좋은 개발자가 되려면 프로그래밍 언어를 배우는 것보다 문제 해결의 기술을 습득하는 것이 중요합니다.

이 책의 코드는 C 언어로 작성되어 있습니다.[1] C 언어로 프로그램을 작성해본 적이 없다면 우선 다른 C 언어 참고서의 앞부분을 읽고 몇 개의 기본적인 C 프로그램을 작성해보기를 추천합니다.

책의 구성

앞의 세 장에서는 단순한 문제만을 다룹니다. 개념을 설명하는 데 집중하는데, 복잡한 문제로 독자가 길을 잃어버리지 않도록 하기 위함입니다. 마지막 두 장에서는 좀 더 복잡한 문제를 다루며 특히 마지막 장은 실전 문제만으로 구성되어 있습니다.

충분한 시간이 있다면 책의 처음부터 끝까지 완독하기를 강력히 권장합니다. 시간이 별로 없는 독자들의 학습 요령은 코딩에 얼마나 익숙한지, 그리고 재귀 호출을 얼마나 능숙하게 사용할 수 있는지에 달려 있습니다.

로직을 구성하는 데 익숙하고 이진 트리나 연결 리스트를 사용하는 복잡한 프로그램을 쉽게 작성할 수 있다면 첫 번째 장은 건너뛰어도 무방합니다. 다음 로직이 이 책을 어디서부터 읽을지 도움이 되리라 생각합니다.

---

1 옮긴이_ 옮긴이의 깃허브에서 파이썬 버전도 제공합니다.

```
IF (면접 하루 전입니까?)
  IF (다이내믹 프로그래밍의 달인입니까?)
    4장과 5장을 읽어보세요.
  ELSE IF (프로그래밍에 익숙한가요?)
    2장과 3장을 읽어보세요.
  ELSE
    요행에 맡기고 1장부터 읽습니다.
ELSE IF (면접까지 일주일쯤 남았나요?)
  IF (다이내믹 프로그래밍의 달인입니까?)
    1.2절, 2.2절과 3장, 4장을 읽어보세요.
  ELSE
    책 전체를 읽어보세요.
ELSE  // 다이내믹 프로그래밍을 공부하고 싶어요.
  책 전체를 읽어보세요.
```

헌사

이 책을 가장 올바르고 양심적이며 유능한 사람이자 아들, 형제, 친구, 남편, 부모, 장인, 스승, 농부, 시민, 유권자 등 당신이 살면서 짊어진 모든 역할에 빼어났던 요기 마스터 마하 싱^{Maha Singh}에게 바칩니다.

가능한 모든 방법으로 그를 기억하고자 합니다.

감사의 말

책 한 권을 쓰는 데에는 하나의 주제에 온전히 정신을 집중하도록 자신을 가눌 수 있는 일정한 정신 상태가 필요합니다. 구루들의 가르침이 도움이 되었습니다. 이념적 구루인 라지브 딕시^{Shri Rajiv Dixit}와 스와미 람데브^{Swamy Ramdev}에게 감사드리고 싶습니다.

가족과 친구들을 위한 시간을 쪼개서 이 책을 쓰는 데 사용했습니다. 빼앗긴 시간에 대해서 청구서를 보내지 않는 점에 대해 그들에게 감사를 전합니다.

또한 저자 서로에게 감사를 전하고 싶습니다. 하지만 이는 몸의 한 편이 다른 한 편에 감사를 표하는 것과 마찬가지인데, 사람의 몸은 그런 식으로 동작하지는 않습니다.

CONTENTS

PART **1** 재귀 호출의 모든 것

CHAPTER **01** 재귀 호출의 이해

CONTENTS

PART **3** 지금부터 게임을 시작하지

CHAPTER **05** 실전 문제

CONTENTS

PART 4 부록은 덤이다

APPENDIX A 알고리즘의 효율성(시간과 공간 복잡도)

APPENDIX B 코딜리티 활용하기

재귀 호출의 모든 것

재귀 호출의 이해

본격적으로 다이내믹 프로그래밍으로 들어가기 위한 준비 과정으로, 먼저 재귀 접근 방법에 대해서 알아봅시다. 문제의 풀이법을 직관적으로 정리하기 어려울 때 문제의 크기를 줄여놓고, 큰 문제와 작은 문제의 관계 속에서 문제의 풀이법을 찾아보는 방식을 뜻합니다.

이 장에서는 재귀 호출을 사용해 문제를 해결하는 방법을 소개하고, 이어서 실행 시간과 사용하는 메모리의 관점에서 재귀 호출의 효율성에 대해서 알아봅니다.

1.1 재귀 접근 방법이란?

컴퓨터와 관련된 많은 개념이 수학에서 시작되었습니다. **재귀**recursion도 그런 개념 중 하나입니다. 고등학교 수학 교과서에서 수열을 정의할 때 점화식을 사용하는데, 아래의 수식을 예로 들어보겠습니다.

$$\sum n = \begin{cases} n + \sum(n-1) & (n > 1 \text{일 때}) \\ 1 & (n = 1 \text{일 때}) \end{cases} \quad \text{또는} \quad \text{sum}(n) = \begin{cases} n + \text{sum}(n-1) & (n > 1 \text{일 때}) \\ 1 & (n = 1 \text{일 때}) \end{cases}$$

$\sum$(시그마)는 합계를 의미하는 기호입니다. 위 공식은 '1에서 n까지의 합은 1에서 n−1까지의 합에 n을 더한 것과 같으며 n이 1일 때, 즉 sum(1)은 고정된 1의 값을 가진다'로 풀어 쓸 수 있습니다.

즉 sum은 sum 자신을 사용해 정의할 수 있으며, 이러한 정의 방식을 수학 시간에 수열의 귀납적 정의라고 배웠습니다.

컴퓨터 프로그래밍에서는 다음과 같이 정의합니다. 직접적이건 간접적이건 자기 자신을 호출하는 함수를 **재귀 함수**recursive function라고 부르며 이 과정을 재귀라고 부릅니다.

일반적으로 재귀에서는 함수에서 전체 작업의 일부분을 수행하고, 나머지 작업은 같은 함수를 재귀적으로 호출하는 방식으로 전체 작업이 수행됩니다.1 그러므로 이 과정에서 동일한 함수의 인스턴스가 여러 개 생깁니다. 그리고 종료 조건에 도달할 때까지 재귀 호출이 반복됩니다.

> NOTE_ 재귀는 큰 문제의 풀이법을 작은 문제의 같은 풀이법으로 구성할 수 있을 때 사용되는 문제 해결 기법입니다.

재귀를 사용할 때는 다음 사항을 주의해야 합니다.

1. 재귀에는 항상 **종료 조건**terminating condition이 있어야 합니다. 종료 조건이 없다면 재귀 호출을 무한히 반복하게 됩니다. 방금 본 sum 함수의 경우 'n=1이면 재귀 호출을 멈추고 1을 반환한다'가 종료 조건입니다.

2. 재귀 함수는 **전체 작업의 일부만 수행**하고 나머지는 재귀 호출에 **위임합**니다.

재귀 방식으로 문제를 해결하는 과정은 생각만큼 어렵지 않습니다. 오히려 대부분의 경우 전체 문제를 한 번에 풀지 않아도 되므로 상대적으로 더 쉽습니다. 재귀 함수의 코드는 다음의 두 부분으로 구성됩니다.

1. 더 큰 범위의 풀이법을 같은 형태2지만 더 작은 범위의 인수를 가진 풀이법을 사용해 정의하여 구체화하기

2. 종료 조건을 지정하기

예제들을 살펴봅시다.

---

1 옮긴이_ 위 공식의 예에서는 sum(n-1)에 n을 더하는 작업을 함수가 수행하며 sum(n-1)을 구하는 나머지 작업은 재귀 호출을 통해 해결합니다.

2 옮긴이_ 여기서 같은 형태라는 말의 뜻은 함수의 내용과 함수의 서명이 같다고 이해해도 무방합니다. 즉 같은 함수에 인수의 값과 반환값만 다른 함수입니다.

예제: 1에서 n까지 양의 정수의 합을 계산하기

다음 코드는 1에서 n까지의 양의 정수의 합을 계산하는 과정을 C 언어로 작성한 코드입니다.[3]

코드 1-1. 1에서 n까지 정수의 합을 구하는 함수

```c
int sum(int n)
{
  if(n == 1)
    return 1;
  else
    return n + sum(n-1);
}
```

이 코드에는 사소한 문제가 있습니다. 문제에서는 n을 양의 정수라고 이야기했지만 커다란 프로그램의 일부로 들어갈 때 누군가의 실수로 0 또는 음수의 값을 사용해 함수를 호출하는 일이 생길지도 모릅니다.

입력 인수 값이 취할 수 있는 범위의 가장자리 값을 사용해 프로그램을 검사해보는 것은 좋은 습관입니다. 예를 들어 sum(0);을 호출하면 종료 조건(n=1)을 거치지 않고 n=-1의 단계에 해당하는 재귀 호출로 들어가버려 결과를 알 수 없게 되어버립니다.

이런 종류의 문제는 코드를 자가 점검하면서 찾아내어 수정할 수 있어야 합니다.[4]

코드 1-2. 종료 조건을 수정한 1에서 n까지의 정수의 합을 구하는 함수

```c
int sum(int n)
{
  // 첫 번째 종료 조건
  if(n <= 0)
```

---

3 옮긴이_ 역자의 깃허브 저장소의 ch1/c/ 디렉터리에서 code1_1.c 파일에 코드가 들어 있습니다. 원서에서는 제공되지 않지만 파이썬 코드 역시 ch1/python/ 디렉터리의 code1_1.py 파일로 제공합니다. 이후 다른 예제 코드도 장 번호와 예제 번호만 바꾸어 찾을 수 있습니다.

4 옮긴이_ 사실 이 책의 나머지 예제에서는 이렇게 엄격한 무결성을 기준으로 종료 조건을 정하지 않는 편입니다. 알고리즘 자체의 완결성을 고려하는 것이 우선이라고 보았기 때문인 듯합니다.

```
    return 0;
  // 두 번째 종료 조건
  if(n == 1)
    return 1;
  return n + sum(n-1);
}
```

이 코드에는 else가 없습니다. n + sum(n-1)은 종료 조건에 도달한 다음, 즉 재귀 호출이 끝나고 돌아오는 과정에 수행되므로 else가 필요 없습니다.

이 코드는 다음과 같이 더 짧게 고쳐 쓸 수 있습니다.

코드 1-3. [코드 1-2]를 짧게 고쳐 쓴 코드

```
int sum(int n)
{
  return (n <= 0)? 0: ((n == 1)? 1: (n + sum(n - 1)));
}
```

[코드 1-2]와 [코드 1-3] 중 어느 쪽 코드가 더 좋을까요?

어떤 개발자는 짧은 코드를 선호하기도 합니다. 코딩 면접 등에서도 그런 코드를 만들어 제출할 수도 있습니다. 면접자에게 더 강렬한 인상을 주기 위해서 그럴 수도 있고, 아니면 그냥 습관적으로 그렇게 작성할 수도 있습니다. 좋은 코드에 대한 경험 법칙은 다음과 같습니다.

쉬운 코드와 복잡한 코드 중에 선택해야 한다면, 성능이나 메모리의 이점이 있지 않은 한 쉬운 코드가 좋습니다.

이 기준은 코딩 면접을 위한 것만은 아닙니다. 작성된 코드는 팀 내 여러 사람이 읽어야 하므로 쉬운 코드가 더 좋습니다. 코딩 면접에서 코드를 짧게 작성할 때의 한 가지 확실한 이점은 종이에 빈 공간이 더 많이 남기 때문에 실수를 했을 때 수정할 수 있는 여백이 생긴다는 것입니다.

어찌되었건 위 규칙은 스페이스를 어디에 몇 개나 집어넣을지, 완전히 동일한 일을 하는 두 개의 문장 중 어떤 것을 고를지에 대한 규칙일 뿐입니다. 어떠한 경우에도 간결함, 명료함 또는 답안지 여백 등의 이유로 종료 조건을 확인하는 부분을 생략해서는 안 됩니다.

> **NOTE_** 종료 조건을 누락하면 안 됩니다. 종료 조건을 누락하면 재귀 호출이 무한히 반복될 수 있습니다.

1에서 n까지의 정수의 합을 구하는 함수는 반드시 재귀 함수로 작성할 필요는 없습니다. 다음 코드와 같이 루프를 사용해 재귀 호출 없이 작성할 수 있습니다.

코드 1-4. 재귀를 사용하지 않고 1에서 n까지의 정수를 더하는 코드

```
int sum(int n)
{
  int sum = 0;
  for(int i = 1; i <= n; i++)
    sum += i;
  return sum;
}
```

연습문제 1-1

계승factorial 함수는 모든 음이 아닌 정수에 대해 다음과 같이 재귀 방식으로 정의할 수 있습니다.

```
fact(n) = n * fact(n - 1), if n > 1
        = 1, if n = 1
```

int n을 인수로 받아 n의 계승을 반환하는 함수를, 재귀를 사용하는 방식과 사용하지 않는 방식 두 가지로 작성해봅시다.[5]

---

5   풀이법은 [코드 1-19]를 참고하세요.

정수 값의 배열이 주어졌을 때 배열의 각 원소를 누적합으로 갱신하는 재귀 함수를 작성해봅시다. 예를 들어 입력 배열이 다음과 같다고 합시다.

1	2	3	4	5	6

그러면 이 함수는 배열을 다음과 같이 갱신해야 합니다.

1	3	6	10	15	21

예제: 점화식으로 제곱 계산하기

어떤 수 x의 n제곱은 다음과 같은 점화식으로 정의할 수 있습니다.

$$x^n = \begin{cases} x \times x^{n-1} & (n > 1 \text{일 때}) \\ 1 & (n = 1 \text{일 때}) \end{cases}$$

이 점화식을 사용해 프로그램을 작성해봅시다.

앞의 점화식을 재귀 함수로 작성하면 다음과 같습니다.

코드 1-5. x^n을 계산하는 재귀 함수

```
int power(int x, int n)
{
  if(n == 0)
    return 1;
  else if(x == 1)
    return x;
  else
    return x * power(x, n - 1);
}
```

이 코드의 재귀 함수는 두 개의 인수를 받습니다. 재귀 호출이 반복되는 동안 두 인수 중 하나는 값이 바뀌지 않지만 다른 하나는 계속 바뀌며, 이 값에 따라 재귀 호출의 종료 여부가 결정됩니다. 위 점화식에서의 종료 조건은 다음과 같았습니다.

```
if(n == 0) return 1;  // n이 0이면 1을 반환
```

하지만 [코드 1-5]에서는 두 개의 종료 조건이 사용되었습니다.

```
if(n == 0) return 1;  // n이 0이면 1을 반환
if(x == 1) return x;  // x가 1이면 x(즉 1)를 반환
```

x가 1일 때는 몇 제곱을 하건 답은 1이므로 두 번째 종료 조건을 사용하여 불필요한 함수 호출을 피할 수 있습니다. 다음 절에서 단순한 함수 호출만으로도 실행 시간이나 사용하는 메모리의 양이 증가하는 이유를 설명합니다.

함수를 작성할 때 네 가지 주의 사항을 중요도 순으로 나열하면 다음과 같습니다.

1. 함수는 목적 지향적이어야 합니다. 전달 가능한 인수의 어떤 값에 대해서 함수는 의도한 대로 동작해야 합니다. 어떤 인수 값에 대해서도 모호한 결과가 반환되어서는 안 됩니다.

2. 함수가 수행되는 데 필요한 시간은 짧을수록 좋습니다.

3. 함수가 사용하는 메모리의 크기는 작을수록 좋습니다.

4. 함수는 이해하기 쉬워야 합니다. 어떤 문서나 주석이 없더라도 이해할 수 있어야 이상적인 코드라 할 수 있습니다.

이런 사항을 지키면서 함수를 만들다 보면 코드의 길이는 다소 길어질 수 있습니다. 하지만 프로그램을 작성하거나 코딩 시험을 볼 때, 필요한 코드를 담은 함수의 길이는 전혀 문제가 되지 않습니다. 물론 중복된 코드를 작성하는 것은 피하는

것이 좋습니다.

재귀 방식으로 문제를 풀면 재귀를 사용하지 않는 풀이법보다 더 많은 시간과 더 많은 메모리를 사용한다는 점을 다음 절에서 설명할 것입니다. 그러므로 앞의 예제처럼 재귀 호출을 사용하거나 사용하지 않는 두 풀이법 모두 쉽게 작성할 수 있는 경우[6]라면 재귀를 사용하지 않는 것이 바람직합니다.

> **NOTE_** 같은 문제를 비슷한 노력으로 해결할 수 있다면 재귀 호출을 사용하지 않는 쪽으로 구현하는 것이 바람직합니다. 만들어진 프로그램을 실행해보면 재귀 호출을 사용하지 않는 경우가 실행도 빠르고 필요한 메모리의 양도 작습니다.[7]

재귀 방식의 장점은 다른 방법으로는 이해하기 매우 복잡한 문제도 경우에 따라서는 쉽게 구체화할 수 있다는 점입니다. 기본 경우[base case]에 해당되는 문제만 풀고 나머지 복잡한 경우는 재귀를 통해 해결할 수 있는 유형의 문제는 재귀 방식이 잘 맞습니다. 다음 예제를 볼까요?

예제: 하노이의 탑

하노이의 탑은 일종의 수학 게임입니다. 세 개의 기둥이 있으며 각 기둥에는 출발지[source](S), 목적지[destination](D), 임시[extra](E)라는 이름이 붙어 있습니다. 그리고 n개의 서로 다른 크기의 원반이 있으며, 이 원반은 어느 기둥에나 꽂을 수 있습니다.

처음에는 모든 원반이 다음 그림에서 볼 수 있듯 기둥 S에 크기 순으로 꽂혀 있습니다. 즉 위쪽으로 갈수록 원반 크기가 작아지게 꽂혀 있습니다.

---

6 재귀 호출이 루프를 단순 대체하는 경우입니다.

7 옮긴이_ 특히 인터프리터 언어인 파이썬은 사용할 수 있는 재귀 호출의 중첩 횟수 제한이 엄격합니다. 일정 규모 이상의 재귀 호출이 필요한 문제를 파이썬으로 풀어야 한다면 재귀 호출을 사용하지 않는 방법을 처음부터 고민해야 할 수도 있습니다.

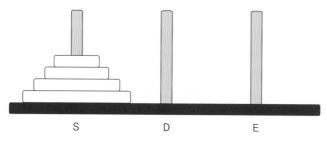

그림 1-1. n = 4일 때 하노이의 탑 초기 상태

이 게임의 목적은 모든 원반을 기둥 S에서 기둥 D로 이동시키는 것입니다. 최종 상태는 다음 그림과 같아야 합니다.

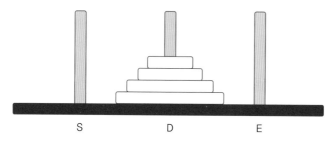

그림 1-2. n = 4일 때 하노이의 탑 최종 목표 상태

원반을 이동할 때는 두 가지 제약 조건이 있습니다.

1. 한 번에 하나의 원반만 옮길 수 있습니다.

2. 작은 원반 위에 큰 원반이 위치하도록 옮길 수 없습니다.

이제 모든 원반이 S에 있는 초기 상태에서 모든 원반을 D로 옮긴 최종 상태까지의 과정을 출력하는 함수를 작성해봅시다. 이 함수는 3개의 기둥을 나타내는 문자(s, d, e)와 원반의 개수 n을 인수로 받으므로, 함수의 원형은 다음과 같습니다.

```
/* s, d, e는 세 개의 기둥을 나타냅니다(source, destination, extra).
 * n은 원반의 총 수입니다. 처음에 모든 원반은 s에 있습니다. */
void towerOfHanoi(char s, char d, char e, int n)
```

얼핏 복잡해 보이지만, 재귀 방식을 사용하면 문제 풀이를 세 단계로 단순화해서 풀 수 있습니다.

1단계: n–1개의 원반을 D를 거쳐 S에서 E로 옮기기

어떻게든 n–1개(예제에서는 3개)의 원반을 D를 임시 기둥으로 사용해 S에서 E로 옮길 수 있다고 가정해봅시다. 이 문제는 원래의 문제(n개의 원반을 E를 임시 기둥으로 사용해 S에서 D로 옮기기)와 유사합니다.

이 1단계가 끝나면 기둥과 원반의 상태는 다음 그림과 같습니다.

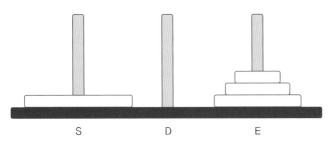

그림 1–3. 1단계가 끝난 후 하노이의 탑의 상태

2단계: n번째의 원반을 S에서 D로 옮기기

S에 남은 n번째 마지막 원반을 D로 옮기는 건 그냥 한 번에 옮기면 됩니다.

3단계: n–1개의 원반을 S를 거쳐 D로 옮기기

3단계는 1단계와 같은 성격의 작업을 반복하는 것입니다. 출발 기둥과 목적 기둥, 그리고 임시 기둥이 다를 뿐입니다. 3단계에서는 S를 임시 기둥으로 사용해 n–1개의 원반을 E에서 D로 옮깁니다.

위 세 단계를 자세히 살펴보면 전체 문제 및 1단계와 3단계는 같은 유형의 문제이며, 같은 함수를 재귀 호출해서 풀 수 있다는 걸 알게 됩니다. 다음 코드는 하노이의 탑 문제를 해결하는 재귀 함수입니다.

```
void towerOfHanoi(char s, char d, char e, int n)
{
  // 종료 조건
  if(n <= 0)
    return;
  towerOfHanoi(s, e, d, n - 1);
  printf("%d번 원반을 %c에서 %c로 옮깁니다.\n", n, s, d);
  towerOfHanoi(e, d, s, n - 1);
}
```

원반이 3개일 때(n=3) 함수를 호출해보겠습니다.

```
towerOfHanoi('s', 'd', 'e', 3);
```

결과는 다음과 같습니다.

```
1번 원반을 s에서 d로 옮깁니다.
2번 원반을 s에서 e로 옮깁니다.
1번 원반을 d에서 e로 옮깁니다.
3번 원반을 s에서 d로 옮깁니다.
1번 원반을 e에서 s로 옮깁니다.
2번 원반을 e에서 d로 옮깁니다.
1번 원반을 s에서 d로 옮깁니다.
```

이 예제를 통해서, 재귀가 시간과 메모리의 측면에서 조금 효율이 나쁘더라도 문제 해결에 도움이 된다는 사실을 알 수 있습니다.

선행 재귀와 후행 재귀

일반적인 재귀 함수는 작업을 수행하는 부분과 자신을 재귀 호출하는 부분으로 구성되어 있습니다. 함수가 작업을 수행하기 전에 재귀 호출하는 경우를 **선행 재귀**head recursion라고 합니다. 즉 함수의 앞부분에서 재귀 호출이 이루어지는 형태입니다. 반대로 마지막에 재귀 호출하는 경우를 **후행 재귀**[tail recursion]라고 합니다.

[코드 1-1]에서 함수 sum(3)은 더하기 연산을 수행하기에 앞서 sum(2)를 호출합니다. 그다음에 sum(2)의 반환값에 3을 더합니다. 즉 함수 sum은 선행 재귀 방식에 해당됩니다.

> **NOTE_** 함수 자신의 작업을 수행하기 전에 재귀 호출이 이루어지면 선행 재귀 함수입니다. 자신의 작업을 수행한 후 함수의 마지막에 재귀 호출이 이루어지면 후행 재귀 함수입니다.

다음 코드에는 연결 리스트[linked list]를 탐색하는 두 개의 재귀 함수가 포함되어 있습니다. 이 코드에서 선행 재귀와 후행 재귀의 차이를 볼 수 있습니다.

코드 1-7. 선행 재귀와 후행 재귀를 사용한 연결 리스트의 탐색

```
/* 선행 재귀의 경우
 * 먼저 리스트의 나머지를 탐색하고 난 후에
 * 현재 노드의 값을 출력합니다. */
void traverse1(Node* head)
{
  if(head != NULL)
  {
    traverse1(head->next);
    printf("%d ", head->data);
  }
}

/* 후행 재귀의 경우
 * 현재 노드의 값을 출력한 다음
 * 리스트의 나머지를 탐색합니다. */
void traverse2(Node* head)
{
  if(head != NULL)
  {
    printf("%d ", head->data);
    traverse2(head->next);
  }
}
```

아래 그림과 같은 연결 리스트를 이 코드의 두 함수의 입력으로 전달하면 어떤 결과가 나올까요?

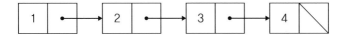

traverse1 함수는 리스트를 역순으로 출력하며 traverse2 함수는 리스트를 순서대로 출력합니다.

```
traverse1 함수(선행 재귀)의 출력:4 3 2 1
traverse2 함수(후행 재귀)의 출력:1 2 3 4
```

후행 재귀는 루프를 사용하는 형태로 바꾸기 쉽습니다. 그러므로 후행 재귀를 사용해 코드를 작성한 다음에는, 루프를 사용할 수 있는지 검토해보고 가능하다면 바꿔 작성하는 것이 좋습니다.

앞 예제에서 선행 재귀와 후행 재귀의 개념을 소개했지만, 실제 문제에서의 재귀 과정은 앞에서 혹은 뒤에서 재귀 호출을 수행하는 정도로 간단하지만은 않습니다. 재귀 접근 방법을 매우 효과적으로 사용하는 예제 중 하나인 이진 트리^{binary tree}의 중위 순회^{in-order traversal} 문제를 살펴봅시다.

중위 순회 탐색에서는 먼저 왼쪽 자식 노드의 트리를 중위 순회 탐색한 다음, 루트(또는 자기 자신)를 탐색하고, 마지막으로 오른쪽 자식 노드의 트리를 중위 순회 탐색합니다. 다음 그림을 참고하세요.

중위 순회 탐색 함수는 왼쪽 자식 노드 트리의 중위 순회 탐색 함수와 오른쪽 중위 순회 탐색 함수를 사용해 정의할 수 있으므로 재귀 호출로 풀어야 하는 문제입니다.

알고리즘:

1. 왼쪽 자식 노드의 트리를 중위 순회 탐색
2. 루트 노드를 탐색
3. 오른쪽 자식 노드의 트리를 중위 순회 탐색

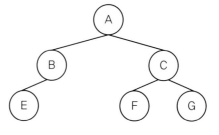

그림 1-4. 중위 순회 탐색 알고리즘

이 그림에 있는 트리를 중위 순회한 결과는 다음과 같습니다.[8]

> 중위 순회 탐색 결과 : E B A F C G

이제 코드를 살펴봅시다. 트리의 각 노드의 자료구조는 다음과 같이 정의되었다고 합시다.

```
typedef struct node{
  struct Node *left;    // 왼쪽 자식 노드의 트리를 가리키는 포인터
  char data;
  struct Node *right;   // 오른쪽 자식 노드의 트리를 가리키는 포인터
} Node;
```

그러면 다음 코드를 사용해 중위 순회 탐색을 수행할 수 있습니다.

코드 1-8. 중위 순회 탐색 함수

```
/* 트리의 중위 순회 탐색 결과를 출력합니다. */
void inOrder(Node* ptr)
{
  if(ptr == NULL)
    return;
```

---

8 옮긴이_ 깃허브 저장소의 모든 파일에는 간단한 테스트 실행 용도의 main 함수를 작성해뒀지만, 지면상 책에 모두 싣지는 않았습니다.

```
  inOrder(ptr->left);
  printf("%c ", ptr->data);
  inOrder(ptr->right);
}
```

이 코드의 재귀 호출은 선행 재귀 또는 후행 재귀 어느 쪽에도 해당되지 않습니다.

한편 이 코드에서 인수로 전달된 포인터의 NULL 여부를 종료 조건으로 사용합니다. 자식 노드의 포인터로 함수를 재귀 호출하기 전에 왼쪽 또는 오른쪽 자식 노드의 포인터가 NULL인지를 확인한다면 불필요한 함수 호출을 줄여 코드를 개선할 수 있습니다.

코드 1-9. 개선된 중위 순회 탐색 함수

```
/* 트리의 중위 순회 탐색 결과를 출력합니다. */
void inOrder(node* ptr)
{
  if(ptr == NULL)
    return;

  if(ptr->left != NULL)
    inOrder(ptr->left);

  printf("%c ", ptr->data);

  if(ptr->right != NULL)
    inOrder(ptr->right);
}
```

[코드 1-8]에서는 자식 포인터가 NULL이건 아니건 함수를 재귀 호출했지만 [코드 1-9]에서는 NULL이 아닌 자식 포인터에 대해서만 재귀 호출합니다. 딱히 크게 바뀐 건 없어 보이지만, 이진 트리에서 NULL 포인터의 수는 유효한 포인터의 수보다 항상 많기 때문에 이런 간단한 수정으로 함수 호출 횟수를 거의 절반으로 줄일 수 있습니다.

모든 이진 트리에서 마찬가지인지 한번 확인해볼까요? 다른 이진 트리를 살펴봅시다.

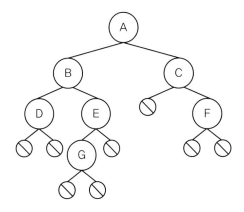

그림 1-5. 또 다른 이진 트리의 예

이 그림의 이진 트리에는 A에서 G까지 7개의 유효한 포인터와 8개의 NULL 포인터가 있습니다. 즉 NULL 포인터의 수가 하나 더 많습니다. 이 트리의 NULL 포인터 중 하나를 유효한 포인터로 바꾸면, 즉 노드를 하나 추가하면 NULL 포인터의 수가 하나 늘어납니다. 새로운 노드 하나에는 두 개의 NULL 포인터(왼쪽 및 오른쪽 자식)가 있기 때문입니다. 즉 노드를 하나 추가할 때마다 유효한 노드의 수와 NULL 포인터의 수가 하나씩 증가합니다. 초기 조건, 즉 루트만 있는 트리는 유효한 포인터의 수(1개)가 NULL 포인터의 수(2개)보다 1 작으므로 모든 이진 트리의 유효한 포인터의 수는 NULL 포인터의 수보다 1 작습니다.

따라서 이진 트리에서는 [코드 1-9]에서처럼 재귀 함수를 호출하기 전에 호출 여부를 검사해서 재귀 호출의 횟수를 크게 줄일 수 있습니다. 즉 더 빨리 수행되며 더 작은 메모리를 사용하는 코드를 만들 수 있습니다. 다음 절에서 함수를 재귀 호출할 때 메모리가 어떻게 사용되는지 살펴볼 텐데, 재귀를 사용하지 않고 반복 방식으로 만들어진 함수와 비교해서 설명할 것입니다.

재귀를 사용한 문제 해결

예제를 통해서 어떤 문제를 같은 유형의 작은 문제로 정의할 수 있다면 재귀 방식으로 코드를 작성할 수 있음을 살펴봤습니다. 가장 아래쪽 문제만 직접 풀고 나머지 경우는 재귀 호출에 맡겨버리는 것이 핵심입니다. 이번에는 정렬 문제를 재귀 호출을 사용해 풀어볼까요?

버블 정렬(거품 정렬)^{bubble sort}은 다음 코드처럼 배열을 입력 크기의 횟수만큼 반복 탐색하며 정렬합니다.

코드 1-10. 버블 정렬

```
void bubbleSort(int *arr, int n)
{
  for(int i = 0; i<n - 1; i++)
    for(int j = 0; j<n - i - 1; j++)
      if(arr[j] > arr[j + 1])
        swap(&arr[j], &arr[j + 1]);
}
```

여기에서 swap은 두 정수를 맞바꾸는 함수입니다.

코드 1-11. 비트 연산자를 사용한 swap 함수

```
void swap(int *a, int *b)
{
  *a ^= *b;
  *b ^= *a;
  *a ^= *b;
}
```

버블 정렬은 배열 전체를 돌아다니면서 인접한 쌍의 값을 비교한 후 순서가 틀린 경우(정렬되어 있지 않은 경우) 맞바꾸는 과정을 반복합니다. 첫 번째 탐색이 끝나면 가장 큰 원소가 배열의 제일 끝에 위치하게 됩니다.

두 번째 탐색 후에는 두 번째로 큰 원소가 끝에서 두 번째에 위치하게 되며, 이 같은 과정을 반복합니다. n-1개의 원소를 적당한 위치에 배치하는 n-1회의 탐색이 이루어지며 n번째 크기의 원소, 즉 제일 작은 값의 원소는 자동으로 제일 앞에 오게 됩니다.

이제 버블 정렬을 재귀 함수를 사용해 만들어봅시다. 버블 정렬을 재귀 함수로 만들려면 큰 문제(큰 범위의 배열에 대한 버블 정렬)를 작은 문제(작은 범위의 배열에 대한 버블 정렬)를 사용해 정의하고, 각 함수가 해야 할 일과 종료 조건도 정의해야 합니다. 배열의 값이 다음과 같다고 합시다.

```
9, 6, 2, 12, 11, 9, 3, 7
```

이때 첫 번째 탐색 과정이 끝나면 제일 큰 값인 12는 다음과 같이 배열의 마지막으로 이동합니다.

```
6, 2, 9, 11, 9, 3, 7, 12
```

12가 n번째 자리로 이동했습니다. 이제 나머지 n-1개의 원소를 정렬하면 됩니다. '첫 n개의 원소를 정렬'하는 것과 '첫 n-1개의 원소를 정렬'하는 것은 인수만 다른 같은 문제입니다. 그러므로 이 문제를 재귀 함수로 해결하기 위한 정의 과정은 다음과 같이 정리할 수 있습니다.

- **함수가 수행해야 하는 작업**: 1회 탐색을 통해 가장 큰 원소를 제일 뒤로 보내기

- **큰 문제를 같은 유형의 작은 문제로 정의하기**: n개 원소의 정렬 = 1회의 탐색 + n-1개 원소의 정렬

- **종료 조건**: 탐색 대상의 배열의 크기가 1 이하일 때 종료

즉 각 함수는 1회 탐색 과정을 수행하고 종료 조건에 도달하지 않는 한 나머지는 재귀 호출에 맡겨두는 방식으로 이 문제의 재귀 풀이법을 정의할 수 있습니다.

코드 1-12. 재귀 호출을 사용하는 버블 정렬

```
void bubbleSort(int *arr, int n)
{
  // 종료 조건
  if(n == 1)
    return;
  // 1회의 탐색 과정을 수행
  for(int j = 0; j < n - 1; j++)
    if(arr[j] > arr[j + 1])
      swap(&arr[j], &arr[j + 1]);
  // 더 작은 범위의 인수로 재귀 호출
  bubbleSort(arr, n - 1);
}
```

재귀를 능숙하게 다루지 못하면 좋은 프로그래머가 될 수 없습니다. 선형 검색, 이진 검색, 정렬 등 간단한 프로그램을 재귀 호출을 사용해 구현해봅시다. 코딩 면접 등의 실전에 대비할 수 있는 좋은 연습입니다.

연습문제 1-3

다음 함수는 숫자 n의 구구단을 출력합니다.

```
void printTable(int n)
{
  for(int i = 1; i <= 10; i++)
  {
    printf("%d * %d = %d\n", n, i, (n*i));
  }
}
```

이같이 구구단을 출력하는 함수를 재귀 호출을 사용해 작성해봅시다.

힌트: 함수 원형을 수정해 i를 인수로 사용해보는 것은 어떨까요?

1.2 재귀 호출과 메모리

재귀 호출이 메모리에서는 어떻게 처리되는지를 살펴보기 전에, 프로그램 실행 시 사용되는 메모리가 내부적으로 어떻게 나뉘며, 그중 어떤 영역에 프로그램의 어떤 부분이 저장되는지를 이해해야 합니다. 이 책에서는 C 언어를 기준으로 설명하지만, 다른 일반적인 언어에서도 비슷합니다.

C 프로그램의 수명주기life cycle는 다음 그림과 같습니다.

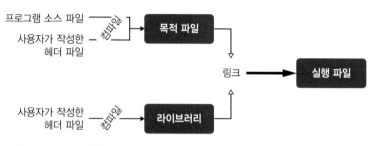

그림 1-6. C 프로그램의 수명주기

C 언어로 프로그램을 만드는 과정인 컴파일compile과 링크link에 대해서는 이미 알고 있다고 가정합니다. 이와 관련한 내용은 C 프로그래밍을 다루는 여러 책에서 찾아볼 수 있습니다. 컴파일과 링크 과정9이 끝나면 프로그램의 실행 가능한 이진 실행 파일binary executable(윈도우에서 .exe 확장자를 가진 파일)이 생성됩니다. 이 실행 파일이 실행되면 이를 **프로세스**process라고 부릅니다.

프로세스 주소 공간

프로그램이 실행되고 프로세스가 생성되면 우선 프로그램은 메모리(RAM)에 올라갑니다. 프로세스가 차지한 메모리의 영역을 프로세스 주소 공간process address space 이라고 부릅니다. 다음 그림에서 프로세스 주소 공간의 대략적인 구조를 볼 수 있습니다.

---

9 대부분의 통합 개발 환경(IDE)에서는 클릭 한 번으로 이진 실행 파일까지 생성하지만 내부적으로는 두 과정을 별도로 거칩니다.

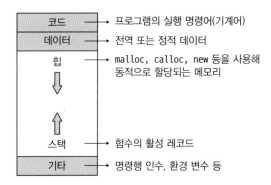

코드	→ 프로그램의 실행 명령어(기계어)
데이터	→ 전역 또는 정적 데이터
힙	→ malloc, calloc, new 등을 사용해 동적으로 할당되는 메모리
스택	→ 함수의 활성 레코드
기타	→ 명령행 인수, 환경 변수 등

그림 1-7. 프로세스 주소 공간의 대략적인 구조. 실제 배치는 운영체제 및 프로그램에 따라 다를 수 있습니다.

이 메모리 공간은 운영체제가 프로세스에 할당합니다. 프로세스 주소 공간은 다음과 같은 영역으로 구성됩니다.

1. 코드 영역code segment (또는 텍스트 영역text segment)

2. 데이터 영역data segment

3. 스택 영역stack segment

4. 힙 영역heap segment

각 영역의 특징은 다음과 같습니다.

코드 영역

- 이 영역에는 컴파일된 기계어 코드(실행 가능한 명령어의 형태)가 저장됩니다.

- 읽기 전용이며 프로그램이 실행되는 동안 변경할 수 없습니다.

- 같은 프로그램이 여러 개가 실행되더라도 메모리에는 한 벌만 저장 가능하도록 여러 프로세스가 공유할 수 있습니다.[10]

---

10 이 책에서 다루는 주제는 아닙니다.

- 코드 영역의 크기는 프로그램이 메모리에 올라갈 때 정해집니다.

데이터 영역

- 모든 전역 변수와 정적 변수는 이 영역 내 메모리에 공간을 할당받습니다.

- 프로그램이 로딩될 때, 즉 main 함수 호출[11] 전에 이 영역에 메모리가 할당됩니다. 그래서 전역 변수와 정적 변수를 로드타임 변수load-time variable라고 부르기도 합니다.

- 모든 로드타임 변수(즉 전역 변수와 정적 변수)는 프로그램이 로딩될 때 초기화됩니다. 이때 초깃값이 주어지지 않으면 해당 자료형의 0에 해당하는 값으로 초기화됩니다.[12]

- 내부적으로 데이터 영역은 초기화 변수 영역과 초기화되지 않은 변수 영역 둘로 나뉩니다. 변수의 초깃값이 주어지면 초기화 변수 영역으로 들어가며, 그렇지 않은 경우 초기화되지 않은 변수 영역으로 들어간 후 0 값으로 초기화됩니다. 이와 같이 데이터 영역을 둘로 나누는 이유는, 초기화되지 않은 데이터를 연속된 데이터 영역에 모아두면 단 하나의 명령으로 한꺼번에 이 영역의 변수들을 각 자료형의 0 값으로 만들 수 있기 때문입니다.

- 데이터 영역의 크기도 코드 영역처럼 프로그램이 메모리에 올라갈 때 정해집니다.

스택 영역

스택 영역에는 모든 활성 함수의 **활성 레코드**activation record(**스택 프레임**stack frame이라고도 합니다)가 저장됩니다. 여기서 활성 함수는 현재 호출 중인 함수를 가리킵니다.[13]

---

11 옮긴이_ main 함수는 운영체제가 프로그램의 시작 지점으로 인식하는 함수입니다. 즉, 과정을 단순화해서 보면 main 함수는 운영체제가 호출한다고 할 수 있습니다.

12 정수형(int)의 0 값은 0이고, 포인터의 경우는 NULL입니다.

13 옮긴이_ 어떤 함수에서 다른 함수를 호출하면 호출된 함수가 종료될 때까지 호출한 함수는 대기 상태로 바뀌지만, 대기 중인 함수도 여전히 호출 중인 활성 함수에 해당합니다. 즉 호출한 후 함수가 완전히 종료되기 전까지는 활성 함수라는 뜻입니다. 대기 중인 함수도 호출된 함수가 종료되면 수행을 재개해야 하므로 어딘가에 함수의 상태가 보관되어 있어야 하는데, 이를 위한 보관소 역할을 활성 레코드가 담당합니다.

예시로 다음 코드를 살펴볼까요?

코드 1-14. 활성 함수와 활성 레코드

```
void fun1()
{
  fun2();
}
void fun2()
{
}
void fun3()
{
  // 호출되지 않습니다.
}
int main()
{
  fun1();
}
```

main 함수가 호출된 시점에서 활성화된 함수는 딱 하나뿐입니다. main 함수에서 fun1 함수가 호출되는데, fun1 함수가 실행 중인 상황에서 활성 함수는 main 함수와 fun1 함수 두 개입니다. 이후 fun1 함수에서 다시 fun2 함수를 호출하면 현재 실행 중인 fun2 함수와 main 함수, fun1 함수까지 세 개의 함수가 활성화되어 있으며 스택 영역에 이 세 함수의 활성 레코드가 저장됩니다.

fun2 함수가 종료되어 돌아오면 fun2 함수의 활성 레코드는 스택에서 빠져나오며 fun1 함수의 실행 상태로 돌아옵니다. 이 시점에서는 main 함수와 fun1 함수 두 개가 활성화되어 있으며, 이 두 함수의 활성 레코드가 스택에 남아 있습니다.

어디서도 호출하지 않는 fun3 함수는 활성화되지 않으므로 fun3 함수의 활성 레코드는 스택 영역에 생성되지 않습니다.

• 함수가 호출되면 활성 레코드가 생성되어 스택 영역의 제일 위에 들어갑니

다.[14]

- 함수가 종료되어 반환되면 이 함수에 대응하는 활성화 기록은 스택에서 삭제됩니다.[15]

- 활성화된 함수의 수가 계속 변하므로 스택의 크기도 계속 변합니다.

- 함수의 지역 변수는 활성화되어 있을 때의 함수의 활성 레코드 내 메모리에 저장 공간이 할당됩니다. 정적 변수는 예외입니다.

- 스택 영역의 메모리에 할당된 변수는 기본값으로 초기화되지 않습니다. 변수의 초깃값이 주어지지 않으면 초기화되지 않고 의미 없는 값으로 변수가 채워집니다. 데이터 영역의 메모리에 할당되는 로드타임 변수와의 다른 점입니다.

- 활성 레코드에는 함수의 실행에 필요한 다른 정보도 저장됩니다.

- 스택 포인터stack pointer는 항상 스택 영역의 제일 위를 가리키고 있습니다.

- 프로그램이 현재 실행하고 있는 명령어를 가리키는 포인터, 즉 명령 포인터instruction pointer는 언제나 스택 영역의 최상위에 위치한 활성 레코드의 함수에 해당하는 코드 영역을 가리킵니다.

- 함수 호출 한 번에 하나씩 활성 레코드가 생성되므로 재귀 함수의 경우 스택 영역에 여러 벌의 활성 레코드가 존재할 수 있습니다.

힙 영역

- C 언어에서는 프로그램이 실행되는 시점에 malloc(), calloc(), realloc() 등을 사용해 요청한 메모리 공간이 힙 영역에 할당됩니다(C++에서는 new와 new[ ]를 사용합니다). 이런 메모리를 **동적 메모리**dynamic

---

14 옮긴이_ 스택 자료구조에서 푸시(push)에 해당합니다.

15 옮긴이_ 활성 함수가 종료될 때 이 함수의 활성 레코드는 스택 영역의 제일 위에 있습니다. 그러므로 스택 자료구조에서 팝(pop)에 해당합니다.

memory 또는 **런타임 메모리**run-time memory라고 부릅니다.

- C 언어에서는 힙에 할당된 메모리를 초기화할 수 없습니다.[16] C++에서는 new 연산자로 메모리를 할당할 때 생성자를 사용해 초기화할 수 있습니다.

- 스택 영역에 할당된 메모리와는 달리 힙 영역에 할당된 메모리에는 이름을 붙일 수 없습니다. 이 메모리를 가리키는 포인터를 통해서만 접근할 수 있습니다. 이 메모리의 주소를 잃어버리면 더 이상 접근할 수 없으며 **메모리 누수**memory leak가 발생합니다. 이 메모리 누수는 C나 C++로 프로그램을 작성할 때 발생하는 큰 오류의 원인 중 하나입니다.

- 힙 영역과 스택 영역은 같은 공간을 공유하며 [그림 1-7]에서처럼 점점 가까워지는 방향으로 증가합니다.

컴파일과 링크가 끝나고 기계어로 된 실행 코드가 생성된 다음 이 실행 코드를 실행할 때 제일 먼저 수행되는 작업은 이 실행 코드를 메모리에 올리는 일입니다. 이러한 **로딩**loading 과정은 다음과 같은 단계로 구성됩니다.

- **코드를 코드 영역으로 보내기**: 코드는 이진 기계어 명령의 형태이며 명령 포인터는 현재 실행 중인 명령의 주소를 가리킵니다.

- **데이터 영역의 전역 변수 및 정적 변수의 메모리 할당**: 데이터 영역은 초기화 변수 영역과 초기화되지 않은 변수 영역으로 나뉩니다. 초깃값을 지정한 변수는 초기화 변수 영역에, 그렇지 않은 변수는 초기화되지 않은 변수 영역에 할당됩니다.

- **전역 및 정적 변수 초기화**: 초깃값을 지정한 변수는 그 값으로 초기화되며, 초깃값을 지정하지 않은 변수는 해당 자료형의 0 값으로 초기화됩니다.

```
int x = 5;   // 5의 값으로 초기화
```

---

[16] 옮긴이_ malloc 함수와 달리 calloc 함수는 할당된 동적 메모리의 값을 0으로 초기화합니다. 하지만 명시적으로 초깃값을 지정할 수는 없습니다.

```
int y;        // 0의 값으로 초기화
```

여기까지 진행되면 프로그램이 로딩되었다고 할 수 있습니다. 로딩이 완료되면 main 함수가 호출되어 프로그램이 실질적으로 시작됩니다. 다음의 프로그램을 주의 깊게 살펴봅시다.[17]

코드 1-15. 두 수의 합의 제곱을 계산하는 프로그램

```
// 로딩 타임에 데이터 영역에 할당되며 0으로 초기화
int total;

/** 함수의 코드(기계어 명령)는 코드 영역으로 들어갑니다.
 * 이 함수가 호출되면 스택 영역에 이 함수의 활성 레코드가
 * 생성됩니다.
 */
int square(int x)
{
    // 이 함수가 호출될 때 x는 활성 레코드에 할당됩니다.
    return x*x;
}


/** 함수의 코드는 코드 영역으로 들어갑니다. 런타임에 이 함수가
 * 호출될 때 활성 레코드는 스택의 최상단에 생성되며 정적 변수가
 * 아닌 지역 변수(x와 y)의 메모리도 활성 레코드 안에 할당됩니다.
 * count는 정적 변수이므로 로드타임에 데이터 영역에 할당됩니다.
 */
int squareOfSum(int x, int y)
{
    static int count = 0;   // 로드타임 변수
    printf("함수가 %d번 호출되었습니다.\n", ++count);
    return square(x + y);
}

/** main 함수의 코드도 코드 영역으로 들어갑니다. main 함수가
 * 호출되면 스택의 최상단에 활성 레코드가 생성되며 정적 변수가
 * 아닌 지역 변수(a와 b)는 이 활성 레코드 내에 할당됩니다.
 */
int main()
```

---

17 옮긴이_ [코드 1-15]에서 [코드1-17]까지는 언어 특성의 차이로 파이썬 구현을 깃허브에서 제공하지 않습니다.

```
{
  int a = 4, b = 2;
  total = squareOfSum(a, b);
  printf("합의 제곱 = %d\n", total);
}
```

이 프로그램은 $(a+b)^2$ 을 계산하고 출력합니다. main에서 a와 b에는 각각 4와 2의 값을 대입했습니다. squareOfSum 함수는 호출된 횟수를 정적 변수 count에 저장하며 호출될 때마다 이 값을 출력합니다.

이 코드는 앞에서 설명한 내용을 코드로 보여줍니다. 각 함수 앞의 주석에 유의하여 그 내용이 이해될 때까지 코드를 반복해 읽어봅시다.

컴파일과 링크가 끝나면 프로그램의 실행 파일이 생성됩니다. 실행 파일을 실행하면 먼저 프로그램이 메모리에 로딩되는데 이때까지는 main 함수는 호출되지 않습니다. 이 시점의 메모리의 상태는 다음 그림과 같습니다.

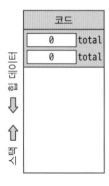

그림 1-8. 프로그램이 로딩될 때의 메모리 상태

로딩이 끝난 다음 main 함수가 호출됩니다. 이때 활성 레코드가 생성되고 스택에 저장됩니다. 활성화 레코드에는 다음의 내용이 저장됩니다.

• 함수의 정적 변수가 아닌 지역 변수(main 함수의 a와 b)

• 함수와 관련된 정보들[18]

다음 그림은 main 함수가 호출된 다음의 메모리의 상태입니다. 이 그림에서도 활성 레코드 안에 정적 변수가 아닌 지역 변수만 있음을 볼 수 있습니다.

그림 1-9. main 함수가 호출된 다음의 메모리 상태

프로그램이 실행되는 동안 프로그램의 실행 지점, 즉 명령 포인터의 위치는 스택 최상위의 활성화 레코드의 함수에 해당하는 코드 영역 내를 가리키고 있습니다. 함수가 호출되는 동안 내부에서 일어나는 일은 다음과 같습니다.

1. 레지스터의 값, 명령 포인터의 값 등 호출하는 상태의 값은 메모리에 저장됩니다.[19]

2. 호출된 함수의 활성 레코드가 생성되어 스택의 제일 위에 저장됩니다. 호출된 함수의 지역 변수는 활성 레코드 내의 메모리에 할당됩니다.

3. 명령 포인터는 호출된 함수의 첫 번째 실행 가능한 명령으로 이동합니다.

4. 호출된 함수의 실행을 시작합니다.

---

18 옮긴이_ 함수와 관련된 정보에는 함수의 매개변수와 반환값, 그리고 함수가 호출된 위치의 명령어의 메모리 주소 등이 있습니다.

19 이미 별도의 메모리 공간에 위치한 활성 레코드에 저장된 지역 변수와 달리 레지스터에 저장된 값들은 호출된 함수에서도 같은 공간을 같은 목적으로 사용하게 되므로 이 값을 메모리에 임시로 옮겨두지 않으면 호출이 종료된 다음에 이 값을 복원해 사용할 수 없습니다.

이와 비슷하게 호출된 함수를 종료하고 돌아올 때의 절차는 다음과 같습니다.

1. 함수의 반환값을 레지스터 어딘가에 저장합니다.[20]

2. 호출된 함수의 활성 레코드를 메모리에서 삭제합니다. 스택의 크기는 줄어들며, 해제된 메모리는 다시 사용 가능한 상태로 바뀌어 이후 이 공간은 스택이나 힙 어느 쪽으로도 사용 가능합니다.

3. 호출한 함수의 상태가 함수 호출 이전으로 복원됩니다. 즉 함수를 호출할 때 메모리에 저장했던 레지스터의 값, 명령 포인터의 값들을 원래의 위치로 복원합니다.

4. 명령 포인터는 호출한 함수의 함수 호출 전의 위치를 다시 가리키며, 거기서부터 호출한 함수의 실행이 재개됩니다.[21]

5. 함수를 호출한 지점은 호출된 함수에서 반환된 값으로 치환됩니다.

> **NOTE_** 이런저런 절차 탓에, 함수 호출은 실행 시간 및 메모리의 관점에서 보면 비용이 꽤 발생하는 작업입니다.

C 언어에서 매크로가 가진 이런저런 단점에도 불구하고 매크로를 사용하는 이유 중 하나가 바로 함수 호출의 비용을 줄이기 위함입니다.[22]

몇몇 컴파일러는 컴파일을 수행하는 동안 함수 호출을 함수의 전체의 코드로 맞바꾸어 함수 호출을 피하는 방식으로 성능을 최적화합니다. 이를 인라인 확장[inline expansion]이라고 합니다. 앞에서 본 코드 같은 경우, 다음과 같이 **squareOfSum** 함수에 **square** 함수의 코드를 통째로 집어넣어 함수 호출을 피하는 선택을 할 수도 있습니다.

---

20 옮긴이_ 보통의 컴퓨터라면 EAX 레지스터에 함수의 반환값이 저장됩니다.

21 이는 다중 프로세스를 지원하는 운영체제에서의 프로세스 간 문맥 교환(context switch)과 유사한 개념입니다.

22 매크로를 사용하는 또 다른 이유는 자료형으로부터 자유롭다는 것입니다.

코드 1-16. square 함수를 호출하지 않는 squareOfSum 함수

```c
int squareOfSum(int x, int y)
{
  static int count = 0;   // 로드타임 변수
  printf("함수가 %d번 호출되었습니다.\n", ++count);
  return (x + y) * (x + y);
}
```

하지만 재귀 함수는 인라인 확장이 매우 어렵습니다. 컴파일 시점에는 함수 호출이 얼마나 중첩될지를 컴파일러가 쉽게 파악할 수 없기 때문입니다.

여기서, 종료 조건이 없는 재귀 호출에서 메모리가 어떻게 될지 확인해봅시다. 다음 코드는 무한 재귀 호출의 예입니다.

코드 1-17. main 함수가 종료 조건 없이 main 함수를 재귀 호출합니다.

```c
int main()
{
  int x = 0;
  x++;
  if(x < 5)
  {
    printf("Hello");
    main();
  }
}
```

컴파일이 끝나고 프로그램을 실행시키면 프로그램이 메모리에 로딩된 다음 main 함수가 호출됩니다. main 함수가 호출된 시점에서 메모리의 상태는 다음 그림과 같습니다. 코드 영역에는 프로그램의 코드가 저장되고, 로드타임 변수(전역 변수와 정적 변수)는 없으므로 데이터 영역은 비어 있습니다. 스택 영역에는 main 함수의 활성 레코드 하나만 생성됩니다.

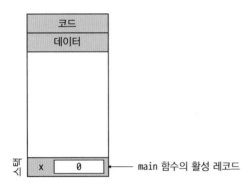

그림 1-10. main 함수가 처음 호출될 때 메모리의 상태

x의 초깃값은 0입니다. 그리고 증가 연산자를 통해 1이 되고 이는 x < 5 조건에 부합하므로 main 함수를 다시 호출합니다. 새롭게 호출한 main 함수의 새로운 활성 레코드가 스택에 생성되며, 이 활성 레코드에는 호출한 main 함수의 활성 레코드 내의 변수 x와는 또 다른 지역 변수 x가 들어 있습니다. 새로운 x의 값은 다시 0으로 초기화되며, 증가 연산자로 1이 되고, main 함수를 또다시 호출합니다. main 함수가 호출될 때마다 새로운 활성 레코드의 x의 값은 0이 됩니다.

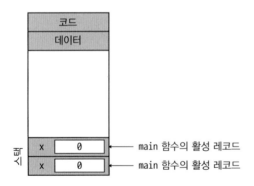

그림 1-11. main 함수가 재귀 호출될 때 메모리의 상태

main 함수의 모든 인스턴스는 실제로 서로 다른 (각 인스턴스의 활성 레코드 내의) x를 사용합니다.

이 코드는 스택 영역이 쓸 수 있는 메모리 공간이 소진되어 더 이상 활성 레코드를 만들 수 없을 때까지 'Hello'를 계속해서 출력합니다. 공간이 모자라는 순간, main 함수를 더 이상 호출하지 못하므로 프로그램은 비정상 종료됩니다.

재귀 호출을 사용할 때와 사용하지 않을 때의 메모리 상태 비교

1에서 n까지 정수의 합을 구하는 재귀 함수 예제(코드 1-1)를 다시 살펴봅시다.

코드 1-18. [코드 1-1]과 같은 코드

```
int sum(unsigned int n)
{
  if(n == 1)
    return 1;
  else
    return n + sum(n-1);
}
```

sum(3), 즉 n=3으로 함수를 호출하면 sum(2)와 sum(1)이 차례로 호출됩니다. sum(1)이 실행 중일 때 메모리 스택에는 각각 지역 변수 n을 가진 함수 sum의 활성 레코드 인스턴스가 3개 있습니다.

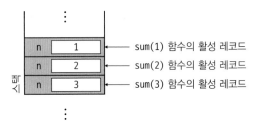

그림 1-12. sum(1) 호출 중의 스택 영역에 저장된 sum 함수의 활성 레코드

한편, 재귀 호출을 사용하지 않는 버전(코드 1-4)에서는 단 한 번만 함수를 호출하므로(sum(3)) 다음 그림처럼 스택 영역에 생성되는 sum 함수의 활성 레코드는 단 하나뿐이며, sum 함수의 활성 레코드 내의 메모리에 세 개의 지역 변수 n, i, sum이 위치합니다.

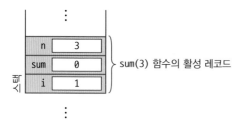

그림 1-13. 재귀 호출을 사용하지 않는 버전(코드 1-4)의 sum 함수 활성 레코드

재귀 호출을 사용할 때는 각 n의 값마다 하나씩의 활성 레코드가 생성됩니다. n이 1000이라면 1000개의 활성 레코드가 생성됩니다. 그러므로 활성 레코드를 저장하는 데 필요한 추가 메모리의 공간은 $O(n)$ 이 됩니다.[23] 다음 표는 재귀 호출을 사용할 때와 사용하지 않을 때 sum 함수가 사용하는 실행 시간과 추가 공간을 비교해서 보여줍니다.

표 1-1. 재귀 호출을 사용할 때와 사용하지 않을 때의 실행 시간 및 메모리 사용량 비교

	재귀 호출을 사용할 때	재귀 호출을 사용하지 않을 때
실행 시간	$O(n)$	$O(n)$
메모리	$O(n)$	$O(1)$

한 가지 경우를 더 살펴보겠습니다. 다음 코드는 n의 계승을 구하는 재귀 함수입니다.

코드 1-19. n의 계승을 구하는 재귀 함수

```
int factorial(int n)
{
  if(1 == n || 0 == n)
    return 1;
  else
    return n * factorial(n - 1);
}
```

---

[23] 옮긴이_ 이러한 빅오 표기법이 낯설다면 부록 A를 먼저 읽어봅시다.

예를 들어 4의 계승을 구하기 위해 `factorial(4)`를 호출하면, 연속된 재귀 호출 과정을 거치는 동안 메모리의 상태는 다음 그림과 같이 변합니다(그림에서 `f`는 `factorial`입니다).

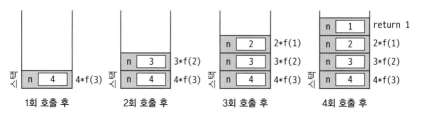

그림 1-14. factorial(4)가 실행되어 재귀 호출을 반복하는 동안 스택 영역 메모리의 상태 변화

한편 함수가 호출한 함수에 값을 반환할 때 활성 레코드는 스택 영역에서 삭제되며(pop), 이때 스택 영역 메모리의 상태는 다음 그림과 같이 변합니다(그림 오른쪽 값이 반환값입니다).

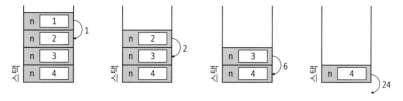

그림 1-15. 재귀 함수가 종료될 때까지 스택 영역 메모리의 상태 변화

스택 영역에는 `main` 함수 등 다른 함수의 활성 레코드도 들어 있지만, 앞의 그림들에서는 표현하지 않았습니다.

한편, 다음 코드는 재귀 호출을 사용하지 않고 n의 계승을 구하는 코드입니다.

코드 1-20. 재귀 호출을 사용하지 않고 n의 계승을 구하는 함수

```c
int factorial(int n)
{
  int f = 1;
  for(int i = 2; i <= n; i++)
    f = f * i;
```

```
    return f;
  }
```

이 코드는 스택 영역 메모리를 다음 그림과 같이 사용합니다. 앞의 재귀 호출을 사용하는 경우와 비교해봅시다.

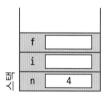

그림 1-16. 재귀 호출을 사용하지 않는 경우의 스택 영역의 메모리 상태

이 코드처럼 재귀 호출을 사용하지 않으면 더 많은 지역 변수가 필요할 수 있지만, n의 값과 무관하게 메모리상에는 단 하나의 활성 레코드만 존재합니다.

> **NOTE_** 재귀 호출을 사용하면 메모리와 실행 시간 양 측면에서 비용이 증가합니다.

지금까지 본 재귀 함수 예제는 모두 단순한 선형 재귀[24]였습니다. 재귀 함수를 사용할 때 일어나는 매우 심각한 문제 중 하나는 더 작은 문제들이 겹쳐서 같은 인수에 대한 재귀 호출이 여러 번 발생하는 경우입니다. 겹치는 작은 문제는 2.2절에서 자세히 다룹니다.

메모리 배치를 알면 문제 풀이에 도움이 됩니다

프로그램 실행의 수명주기와 프로그램이 메모리에 어떻게 로드되는지를 명확히 이해하면 재귀 호출뿐 아니라 다른 많은 문제를 푸는 데 도움이 됩니다. 두 가지 예제를 살펴봅시다.

---

24 옮긴이_ 재귀 호출이 함수당 한 번씩이고 인수가 증가하거나 감소하기만 하여 재귀 호출의 인수가 겹치지 않고 선형적으로 분포한다는 뜻입니다.

먼저, 다음 코드에서 x의 값은 얼마일까요?

```
static int x = strlen("Hello");
```

이 코드는 컴파일할 때 오류가 발생합니다. 이유는 간단합니다.

정적 변수와 전역 변수는 함수의 반환값으로 초기화할 수 없기 때문입니다.

위 코드는 strlen 함수의 반환 값으로 정적 변수를 초기화하려 합니다. 앞에서 정적 변수는 로드타임에 초기화된다고 설명했습니다. 하지만 함수는 로드타임에 호출할 수 없으며, 프로그램의 로딩이 끝나고 프로그램의 실행이 시작된 후에야 비로소 호출할 수 있습니다(호출되는 첫 번째 함수는 main 함수입니다).

실행 시점이 되기 전까지 사용할 수 없는 무언가를 로드타임에 사용해 초기화할 수 있을 리가 없으므로, 이 코드는 오류입니다!

혹시 이 코드를 다음과 같이 둘로 나누면 어떻게 될까요?

```
static int x;  // 0으로 초기화됩니다.
x = strlen("Hello");
```

이 코드는 문제없이 컴파일되고 작동합니다. 로드타임에 x는 0으로 초기화됩니다. 런타임에서는 함수 strlen("Hello")를 호출하고 반환값인 5가 x에 대입됩니다.

두 번째 예제입니다. 다음 함수 fun을 호출하면 어떤 값이 출력될까요?

코드 1-21. 지역 변수의 값으로 정적 변수를 초기화하는 함수

```
void fun()
{
  int a = 5;
  static int b = a;
```

```
    printf("Value: %d\n", b);
}
```

정답은 5도 0도 아닙니다. 이 코드도 컴파일할 때 오류가 발생합니다.

정적 변수가 로드타임에 초기화된다는 사실은 여러 번 언급했습니다. 이 코드는 변수 a의 값으로 변수 b의 초기화를 시도하지만 지역 변수인 a는 로드타임에 사용할 수 없는 변수입니다. 변수 a는 함수 fun이 호출될 때 생성되는 활성 레코드 내의 메모리를 할당받고, 함수 fun은 런타임에 호출됩니다. 즉 로딩이 끝나고 프로그램이 실행된 후에나 사용할 수 있는 함수 fun의 지역 변수 a로 로드타임 변수인 b를 초기화할 수 없습니다.

또, 스택 영역에 재귀 함수처럼 특정 함수의 인스턴스가 하나 이상 있으면 각 활성 레코드에는 지역 변수 a의 별도의 복사본이 생기는데 전역 변수는 데이터 영역에 할당된 단 하나의 복사본만 존재합니다. 이 논리에 따라서도 전역 변수(단일 복사본)를 지역 변수(0개 이상, 여러 개의 복사본이 가능)로 초기화할 수 없습니다.

> **NOTE_** 로드타임 변수는 함수의 반환값이나 지역 변수로 초기화할 수 없습니다.

마치며

1. 함수가 재귀 함수라면 스택 영역에 이 함수의 활성 레코드가 여러 개 생성될 수 있으며, 활성 레코드가 여러 개인 함수가 있다면 이 함수는 반드시 재귀 함수입니다.

2. 전역 변수와 정적 변수는 상수를 사용해서만 초기화할 수 있습니다.

3. 로드타임 변수의 메모리는 모든 함수의 호출 이전에 할당됩니다.

4. 로드타임 변수의 메모리는 프로그램의 실행이 종료된 다음에야 해제됩니다.

이 절에서 힙 영역에 대해서는 상세히 다루지 않았습니다. 이 절의 목적은 재귀 호출과 관련된 사항을 설명하는 것이지 포인터나 동적 메모리 할당 및 해제를 설명하는 것이 아니기 때문입니다 힙을 적절하게 사용하는 방법을 알고 싶다면 C 언어 포인터를 설명한 다른 책들을 찾아봅시다.

재귀 호출의 특징과 메모 전략

앞 장에서는 재귀 호출의 개념과 효율성에 대해서 살펴봤습니다. 재귀 호출은 특정 유형의 문제를 쉽게 해결할 수 있도록 도와주지만 실행 시간과 메모리의 관점에서는 좋은 풀이 방법이 아니라는 사실을 설명했습니다.

이번 장에서는 재귀 접근 방식이 가지는 두 가지 특징(최적의 하위 구조, 하위 문제의 반복 계산)에 대해서 알아봅니다. 또 재귀 호출 과정에서 하위 문제를 반복 계산함으로써 발생하는 비효율을 줄여나갈 수 있는 방법으로 메모 전략을 소개합니다.

2.1 최적의 하위 구조

n개의 원소를 가지는 문제가 있습니다(이런 문제를 크기가 n인 문제라고 합니다). 이 문제를 풀 때 형태는 같지만 n 미만의 원소를 가지는 더 작은 크기의 문제의 풀이법을 사용하는 게 최적의 풀이법이라면 이를 **최적의 하위 구조**optimal substructure 특성을 가진 문제라고 부릅니다. 즉 크기가 n인 문제에 대한 풀이법을 k < n인 k의 비슷한 문제의 관점에서 정의한다는 뜻이며 더 작은 원소에 대한 최적의 풀이법들을 찾고 이들을 결합해서 최종 풀이법을 완성하게 됩니다.

최단 경로를 찾는 간단한 예를 들어봅시다. 자동차로 두 도시 간을 이동하는 가장 짧은 경로를 구하고자 합니다. 아무개 씨는 A시에서 B시를 거쳐 C시로 자동차로 이동하려 합니다. 다음 그림과 같이 A시와 B시 사이에는 3개의 경로가 있으며, B시와 C시 사이에도 3개의 경로가 있습니다.

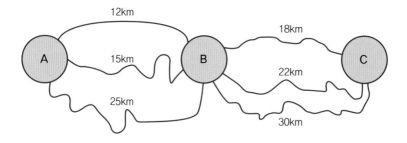

그림 2-1. A시와 C시 사이의 도로 사정

위 그림에서 A시에서 C시로 가는 최단 경로(30km)는 A시와 B시 사이의 최단 경로(12km)와 B시와 C시 사이의 최단 경로(18km)를 포함합니다. 이 개념을 실제 세상에서 확장해보면 다음과 같습니다.

1. 서울시에서 광주시로 가는 최단 경로 위에 전주시가 있으면, 서울시에서 광주시까지의 최단 경로는 서울시에서 전주시까지의 최단 경로와 전주시에서 광주시까지의 최단 경로의 합입니다.

2. 서울시에서 광주시까지의 최단 경로가 대전시와 전주시를 통과하면, 대전시에서 광주시까지의 최단 경로는 전주시를 통과합니다.

즉 서울시에서 전주시까지의 경로를 구하는 문제는 서울시에서 광주시까지의 경로를 구하는 문제에 겹쳐서 들어와 있습니다. **다시 말해 재귀 접근 방법으로 최단 경로 찾기 문제의 풀이법을 구할 수 있습니다.**

두 도시 간의 최단 경로를 구하는 문제는 최적의 하위 구조의 특성을 잘 보여준다고 할 수 있습니다. 뒤에서 다시 설명하겠지만 최적의 하위 구조 특성은 다이내믹 프로그래밍으로 문제를 풀어야 할 조건 중 하나입니다. 나머지 다른 조건은 다음 절에서 설명할 '하위 문제의 반복 계산'입니다. 실제로 플로이드-워셜 알고리즘이나 벨먼-포드 알고리즘 같은 전체 쌍 최적 경로 찾기에 대한 표준 알고리즘은 다이내믹 프로그램의 전형적인 예라 할 수 있습니다.

이번에는 반대로 두 지점 간의 최장 경로를 구하는 예를 들어볼까요? A, B, C, D

4개의 지점이 있고 각 지점 사이의 거리는 다음 그림과 같습니다.

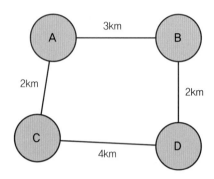

그림 2-2. A, B, C, D 네 지점 간의 거리

A에서 D로 가는 최장 경로는 C를 거쳐서 가는 6km입니다. 하지만 이 경로는 A에서 C까지의 최장 경로와 C에서 D까지의 최장 경로의 합은 아닙니다. A에서 C로 가는 최장 경로는 A에서 B, D를 거쳐 C로 가는 9km입니다.

최장 경로 문제는 최적의 하위 구조 특성을 가지지 않음을 알 수 있습니다. 그러므로 다이내믹 프로그래밍으로 해결하기 적합한 문제가 아닙니다.

> **NOTE_** 어떤 문제의 풀이법을 같은 문제의 더 작은 문제로 정의하는 게 최적의 풀이법이라면 이 문제는 최적의 하위 구조를 가졌다고 합니다. 최적의 하위 구조를 가진 문제는 다이내믹 프로그래밍 방법을 적용하기 좋은 문제입니다.

다이내믹 프로그래밍에서 최적의 하위 구조 활용하기

다이내믹 프로그래밍은 재귀 접근 방법을 메모리와 시간의 측면에서 효율적으로 최적화하는 데 사용되는 접근 방법입니다. 다이내믹 프로그래밍의 첫 번째 단계는 어떤 문제의 점화식을 작성하거나 최적의 하위 구조를 정의하는 것입니다. 어떤 문제를 재귀 방식으로 풀 수 없다면, 다이내믹 프로그래밍을 적용해보겠다는 엄두조차 나지 않을 겁니다.

다이내믹 프로그래밍의 로직은 보통 재귀 접근 방식에서 비롯됩니다. 문제의 풀이법은 하위 문제의 풀이법에서 파생되며 하위 문제의 풀이법은 더 하위의 문제 풀이법에서 파생되며 이것이 반복됩니다.

다이내믹 프로그래밍과 관련된 문제가 주어지면 우선 점화식 또는 재귀 접근 방식을 사용해 문제를 푼 다음 같은 로직을 사용해 다이내믹 프로그래밍의 관점인 상향식으로 접근하는 것이 좋습니다.[1]

다음 절에서는 다이내믹 프로그래밍의 두 번째 특징인 하위 문제의 반복 계산의 개념을 다룹니다. 이 문제를 해결하기 위한 두 가지 접근 방법인 메모 전략(2.3절)과 상향식 다이내믹 프로그래밍(2부)도 곧 상세하게 다룰 것입니다.

2.2 하위 문제의 반복 계산

지금까지 풀어본 재귀 호출 문제들은 본질적으로 반복 계산이 없는 문제였습니다. 재귀 호출을 사용하긴 했지만 각 하위 문제들은 두 번 이상 호출된 적이 없습니다.

이 절에서는 다소 복잡한 재귀 호출에 초점을 맞춥니다. 완전히 같은 인수를 사용한 반복된 재귀 호출이 여러 번 발생하는 경우입니다. 이런 특성을 일컬어 흔히 **하위 문제의 반복 계산**overlapping subproblems이라고 이야기합니다.

몇 가지 예제로 살펴보겠습니다.

예제: 피보나치 수열

피보나치 수열Fibonacci sequence은 이탈리아의 수학자 레오나르도 피보나치가 연구한

---

[1] 옮긴이_ 하향식 접근 방법(일반적인 재귀 접근 방법)과 상향식 접근 방법(다이내믹 프로그래밍)의 차이에 관해서는 다음 장에서 다룹니다.

것으로 유명한 수열^{sequence}입니다.[2] 피보나치 수열에서 첫 두 항의 값은 1이며, 세 번째 이후의 항은 바로 앞 두 항의 합입니다. 즉 다음과 같습니다.

$$1, 1, 2, 3, 5, 8, 13, 21, \cdots$$

피보나치 수열의 n번째 항의 값을 구해봅시다.

먼저 피보나치 수열은 다음과 같은 점화식으로 정의할 수 있습니다.

```
fibonacci(1) = fibonacci(2) = 1
fibonacci(n) = fibonacci(n - 1) + fibonacci (n - 2) (n > 2일 때)
```

피보나치 수열의 n번째 항을 계산하는 가장 간단한 알고리즘은 피보나치 수열의 수학적 정의를 그대로 옮긴 다음 코드와 같습니다.

코드 2-1. 재귀 호출을 사용해 피보나치 수열의 n번째 항을 구하는 함수

```
int fibonacci(int n)
{
  if(n == 1 || n == 2)
    return 1;
  else
    return fibonacci(n - 1) + fibonacci(n - 2);
}
```

이 코드의 `fibonacci` 함수는 재귀 함수입니다. 무한 재귀 호출을 방지하도록 n 이 0 또는 음수인 경우 예외 처리가 필요하지만 이 코드에서는 생략했습니다.

이 예제는 최적의 하위 구조 특성을 가지고 있습니다. n-1번째 항과 n-2번째 항의 최적 해법을 사용해 n번째 항의 최적 해법을 찾을 수 있습니다.

이 코드의 재귀 함수의 실행 시간은 다음과 같이 계산할 수 있습니다(함수 $T(n)$은

---

[2] 사실 피보나치가 활약한 13세기보다 훨씬 옛날인 기원전 인도 문헌에서도 피보나치 수열을 언급했습니다. 많은 다른 것처럼, 피보나치 수열이라는 이름은 동양에서 서양으로 넘어갈 때 서양에 도입한 사람의 이름을 따서 지어졌습니다.

옮긴이_ 피보나치 수열이라는 이름을 최초로 사용한 것은 19세기 프랑스 수학자 에두아르 뤼카입니다.

양의 정수 *n*에 대한 `fibonacci` 함수의 실행 시간입니다).

$$T(n)=T(n-1)+T(n-2)+O(1)$$

이 수식으로 계산해보면 앞의 코드를 실행하는 데에는 지수 시간exponential time이 필요합니다. 이런 간단한 알고리즘을 실행하는 데 지수 시간이 필요한 이유는 k < n인 k에 대해서 k번째 항을 계산하는 하위 문제를 여러 번 반복해야 하기 때문입니다. 다음 그림은 n=5로 함수를 호출했을 때 함수의 재귀 호출 과정을 보여줍니다. 그림의 각 노드는 한 번의 함수 호출이며 노드 내의 값은 이때의 n의 값을 나타냅니다.[3]

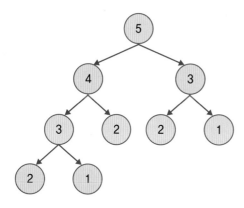

그림 2-3. fibonacci(5) 함수를 계산하는 재귀 호출 과정

n=5일 때 `fibonacci` 함수는 자기 자신을 n=4, n=3으로 두 번 호출합니다. n=4일 때는 n=3, n=2의 두 번의 재귀 호출이 발생합니다. 다음 그림과 같이, 여기서 `fibonacci(3)`은 `fibonacci(4)`에서 한 번, `fibonacci(5)`에서 한 번, 모두 두 번 호출됩니다. 같은 과정을 거쳐 `fibonacci(2)`는 총 세 번 호출됩니다.

---

3   옮긴이_ 얼마나 오래 걸릴지 느껴보고 싶다면 n=30~40 정도의 값으로 함수를 호출해봅시다. [코드 2-2]의 실행 시간과 비교해
     보면 확실히 차이를 알 수 있습니다. 지수 시간 등 알고리즘 실행 시간에 관련된 용어가 낯설다면 부록 A를 먼저 읽어보는 걸 권
     합니다.

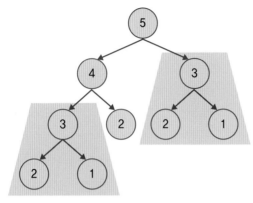

그림 2-4. fibonacci(5)를 계산하는 동안 필요한 fibonacci(3)의 계산

앞서 본 모든 재귀 호출의 예에서는 각 하위 문제를 단 한 번만 풀었습니다. 하지만 앞의 코드를 사용해 피보나치 수열의 20번째 항을 계산하면, 즉 `fibonacci(20)`을 호출하면 `fibonacci(3)`은 2584번 호출되며 `fibonacci(10)`은 89번 호출됩니다. 즉 피보나치 수열의 20번째 항을 계산하려면 피보나치 수열의 10번째 항을 89번씩이나 **처음부터** 계산해야 한다는 뜻입니다.

한번 `fibonacci(10)`을 계산하고 난 후에는 이를 다시 계산하지 않는 게 이상적일 겁니다. 각 항별로 딱 한 번씩만 계산한다면(즉 하위 문제를 딱 한 번만 해결할 수 있다면) 재귀 호출을 사용하더라도 프로그램을 빠르게 실행할 수 있습니다. 메모화 전략, 다이내믹 프로그래밍, 그리고 탐욕 알고리즘^{greedy algorithm}은 이런 고전적인 문제를 푸는 데 사용되는 기법들입니다.

다음의 코드는 재귀 호출을 사용하지 않고 피보나치 수열의 n번째 항을 구하는 함수입니다. 첫 번째와 두 번째 항은 모두 1이며, 세 번째 항은 첫 번째 항과 두 번째 항으로 계산하고, 네 번째 항은 세 번째와 두 번째 항으로 계산하는 식으로 n번째 항에 도달할 때까지 반복합니다.

코드 2-2. 재귀 호출 대신 반복 계산으로 피보나치 수열의 n번째 항을 구하는 함수

```
int fibonacci(int n)
{
```

```
    int a = 1, b = 1, c, cnt;
    if(n == 1 || n == 2)
        return 1;
    for(cnt = 3; cnt <= n; cnt++)
    {
        c = a + b;
        a = b;
        b = c;
    }
    return c;
}
```

이 코드는 $O(n)$만큼의 실행 시간과 고정된 상수 값만큼의 추가 메모리가 필요합니다. 다음 표는 몇 개의 n 값에 대하여 `fibonacci(n)`를 계산할 때 재귀 호출을 사용하는 경우와 반복으로 구하는 경우의 함수 호출 횟수를 비교해서 보여줍니다.

표 2-1. 재귀 호출과 반복 계산의 함수 호출 횟수 비교

n	2	3	4	5	10	20	40
재귀 호출	1	3	5	9	109	13529	204668309
반복 계산	1	1	1	1	1	1	1

이 표는 함수가 호출된 횟수만 비교했습니다. 하지만 각 1회 호출에 필요한 시간은 같지 않습니다. 재귀 함수를 한 번 호출해서 실행하는 데 걸리는 시간은 $O(1)$이지만 반복 계산하여 구하는 함수를 한 번 호출하는 데는 $O(n)$만큼의 시간이 필요합니다. 대신 n의 값과 상관없이 단 한 번만 함수를 호출합니다.

n=20으로 함수를 호출했을 때 실제 걸리는 시간을 측정하면 재귀 함수(코드 2-1)는 약 65초가 걸리는 반면 재귀 호출 없이 반복 계산해서 구하는 함수(코드 2-2)는 0.001초가 걸립니다(아주 느린 컴퓨터에서 수행한 결과입니다).

조금 더 풀어 이야기하자면, 재귀 호출을 사용하는 코드가 10분 이상 걸리는 항의 계산을 재귀 호출을 사용하지 않는 코드는 1초 정도에 계산할 수 있다

는 뜻입니다. 그나마 이는 n의 값이 상대적으로 작을 때의 결과이며, n=80, 즉 fibonacci(80) 정도가 되면 재귀 함수는 몇 시간이 걸리지만 재귀 함수를 사용하지 않는 코드는 몇 초 만에 답을 내놓습니다.

이와 같이 단순한 코드에 80이라는 별로 크지 않은 값을 인수로 줬을 때 컴퓨터가 먹통이 될 수 있다는 사실은 믿기 어렵습니다. 하지만 그만큼 하위 문제의 반복 계산이 심각한 문제라는 점을 잘 보여주기도 합니다. 다음 예제에서 또 다른 하위 문제의 반복 계산의 문제를 살펴봅니다.

> **NOTE_** 재귀 호출이 선형적으로 이루어지지 않는 경우 같은 인수를 사용한 재귀 호출이 여러 번 반복될 수 있습니다. 이러한 하위 문제의 반복 계산으로 말미암아 프로그램의 실행 속도가 크게 증가할 수 있습니다.

예제: 역 사이 최소 비용 구하기

한 기차 노선 위에 0부터 N−1까지 N개의 역이 있습니다. 기차는 첫 번째 역(0번 역)부터 마지막 역(N−1번 역)까지 한 방향으로만 이동합니다. 모든 두 역 사이의 기차 요금을 알고 있을 때 0번 역에서 N−1번 역까지 여행하는 최소 비용을 구해 봅시다.

먼저 두 역 사이의 요금을 저장할 자료구조를 정의해야 합니다. 총 4개의 역이 있고(0번 역에서 3번 역까지) 요금은 다음과 같이 4×4 행렬(테이블)에 저장되어 있다고 가정합시다.

```
cost[4][4] = { { 0, 10, 75, 94},
              {-1,  0, 35, 50},
              {-1, -1,  0, 80},
              {-1, -1, -1,  0}
              };
```

여기서 cost[i][j]는 i번 역에서 j번 역까지의 요금입니다. 역방향으로는 움직이지 않으므로 i가 j보다 큰 경우는 발생하지 않으며, 이 경우의 값은 모두 −1입니다. 대각선에 해당되는 i=j인 경우 출발지와 목적지가 같으므로 값은 모두 0입니다.

사실 이 경우는 **희소행렬**sparse matrix을 사용하기 알맞은 경우입니다.[4]

0번 역에서 2번 역으로 이동하는 경우라면 1번 역에서 갈아타는 방법, 즉 0번 역에서 1번 역의 승차권과 1번 역에서 2번 역의 승차권을 따로 구입하는 것이 가장 저렴합니다. 이때의 비용은 45(10 + 35)입니다. 0번 역에서 2번 역으로 바로 가는 승차권을 구입한다면 이때의 비용은 75입니다.

우리 예제에서는 4개의 역이 있으므로 0번 역에서 3번 역까지의 최소 요금을 계산해야 합니다.

s번 역에서 d번 역까지의 최소 요금을 minCost(s, d)라고 하면 0번 역에서 N−1번 역까지의 최소 요금은 다음과 같이 재귀 방식으로 정의할 수 있습니다.

```
minCost(0, N-1) = MIN{cost[0][N-1],
                      cost[0][1] + minCost(1, N-1),
                      minCost(0, 2) + minCost(2, N-1),
                      ... + ...,
                      minCost(0, N-2) + cost[N-2][N-1]}
```

여기서 MIN은 최솟값을 의미합니다. 첫 번째 경우는 0번 역에서 N−1번 역까지 바로 가는 승차권을 구입하는 경우입니다. 두 번째 경우는 1번 역에서 반드시 갈아타는 경우입니다(즉 0번 역에서 1번 역까지의 요금과 나머지 구간 요금의 최솟값의 합입니다. 1번 역 이외의 다른 역에서는 갈아타든 말든 상관없이 최솟값입니다). 세 번째 경우는 2번 역에서 반드시 갈아타는 경우입니다. i번째 역에서 갈

---

4 희소행렬은 대부분의 원소의 값이 0인 행렬입니다(자료구조에 따라 0 대신 NULL 또는 다른 기본값이 이에 해당될 수 있습니다). 큰 행렬이나 배열에서 0의 값이 대부분인 경우 처리와 저장량 측면에서 효율적이지 않습니다. 이 경우 빈 셀을 꿋꿋하게 유지하기보다는 빈 셀을 저장하지 않는 조금 특별한 자료구조를 사용하는 편이 낫습니다.

옮긴이_ C에서는 기본 자료구조에 희소행렬에 해당하는 자료구조가 없습니다. 하지만 스파크 등 빅데이터를 처리하는 몇몇 프레임워크에서는 희소행렬에 해당하는 자료구조를 기본 패키지로 제공합니다.

아타는 경우라면 이때는 0번 역에서 i번 역까지의 최소 요금과 i번 역에서 N-1번 역까지의 최소 요금의 합을 구하면 됩니다. 여기서 i번 역에서 N-1번 역까지 바로 가야 하는 것은 아니라는 점에 주의합시다(즉 cost[i][N-1]이 아니라 minCost(i, N-1)). 그저 i번째 역에서는 반드시 갈아타야 한다는 조건일 뿐입니다.

이 재귀 방식에 적용할 종료 조건은 두 가지이며 다음과 같이 정의할 수 있습니다.

```
// 1. 출발역과 도착역이 같은 경우
IF(s == d) RETURN 0
// 2. 도착역이 출발역 바로 다음 역인 경우
// 이 경우에는 두 역 간의 최소 비용이 정해져 있습니다.
IF(s == d-1) RETURN cost[s][d]
```

s와 d가 같을 때 cost[s][d]의 값은 0이므로 두 종료 조건을 다음과 같이 하나로 합칠 수 있습니다.

```
IF(s == d ¦¦ s == d-1) RETURN cost[s][d]
```

여기까지 정의한 재귀 로직을 다음과 같이 구현할 수 있습니다.

코드 2-3. 재귀 호출을 사용해 두 역 간의 최소 요금 계산

```
// 2차원 배열 형태의 요금표
int cost[N][N];

// 출발역(s)에서 도착역(d)까지의 최소 요금을 계산합니다.
int minCost(int s, int d)
{
  if(s == d ¦¦ s == d - 1)
    return cost[s][d];
  int minValue = cost[s][d];
  // 최솟값을 찾기 위해서 모든 중간 역에 대해서 계산해봅니다.
  for(int i = s + 1; i < d; i++)
  {
```

```
    // s번 역에서 i번 역까지의 최소 요금과
    // i번 역에서 d번 역까지의 최소 요금의 합
    int temp = minCost(s, i) + minCost(i, d);
    if(temp < minValue)
      minValue = temp;
  }
  return minValue;
}
```

이 코드를 사용하면 0번 역에서 N−1번 역까지의 최소 비용을 다음과 같이 구할
수 있습니다.

```
minCost(0, N-1);
```

이 코드의 풀이법은 '최적의 하위 구조'의 특성을 잘 보여줍니다. 출발역부터 도착
역까지의 실제 최소 요금을 구하기 위해서 중간 역들 사이의 최소 요금을 계산하
기 때문입니다.

또한 하위 문제의 계산을 여러 번 반복하고 있습니다. 예를 들어 다음 그림처럼
역이 다섯 개 있을 때 0번 역에서 4번 역까지의 최소 요금을 계산하려면 1번 역에
서 3번 역까지의 최소 요금을 두 번 계산해야 합니다.

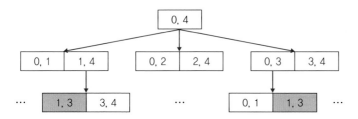

그림 2-5. 0번 역에서 4번 역까지의 최소 요금을 구하는 과정

이렇게 그림을 그려보면 역이 10개 있을 때는 이 하위 문제를 144번 계산해야 합
니다. 나아가 역이 100개 있다면 전체 최소 요금을 구하는 과정에서 이런 식으로
중간 역 사이의 최소 비용을 몇 번이나 계산해야 할지 상상해봅시다. 이러한 하위

문제의 반복 계산 때문에 코드를 실행하는 데에는 지수 시간이 필요합니다.

NOTE_ 최근 코딩 테스트의 최신 경향은, 정해진 환경에서 정해진 방식으로 프로그램을 작성하면 자동으로 이를 채점하는 방식입니다. 지원자가 작성한 프로그램의 성능을 측정하기 위한 테스트 케이스가 숨겨져 있으며, 테스트 케이스를 사용해 프로그램을 실행했을 때 프로그램의 작동 결과, 프로그램의 실행 시간, 프로그램이 사용하는 메모리의 크기를 기준으로 성공 또는 실패 여부를 측정합니다. 이런 환경에서라면 메모리를 많이 사용하는 알고리즘이나 실행 속도가 느린 알고리즘을 사용한 코드는 좋은 점수를 받을 수 없습니다.

하지만 풀이 방법을 설명하는 구술 면접 환경에서 곧바로 최적화된 알고리즘을 떠올리기 어렵다면 우선 재귀 접근 방식의 풀이법을 제시하는 것도 좋습니다. 가장 최적화된 풀이법을 제출하기 위해서 멈칫거리거나 답을 내놓지 못하는 것보다는 최적화되어 있지 않더라도 완전하게 동작하고 오류가 없는 풀이법을 제시한 다음 그 풀이법을 면접자와의 대화 과정을 통해 최적화하는 것이 더 좋을 수 있다는 이야기입니다.

이렇게 접근하면 잘 모르는 문제도 체계적으로 다룰 수 있고 풀이법에 빠르게 접근할 수 있다는 인상을 전달할 수 있습니다. 심지어 최적 풀이법을 제시할 수 없더라도 적어도 동작하는 풀이법을 내놓았다는 것만으로도 기본 점수는 받을 수 있습니다. 최악의 상황은 아닌 거죠.

코딩 면접에 주어진 시간이 아예 최적의 답을 구하기에는 충분하지 않을 수도 있습니다. 이런 경우 출제 의도는 최적의 답보다는 재귀 호출 등의 방식으로 문제에 체계적으로 접근할 수 있는지를 확인하려는 것일 수 있습니다. 그렇다면 섣불리 최적 풀이법을 찾으려 하기보다는 정확하게 동작하는 풀이법을 제시하고 종료 조건, 특히 가장자리 값을 제대로 처리하는지를 확인해보는 것이 바람직합니다.

하지만 구술 시험이 아닌 코딩 시험이나 코딩 경진대회 등에서 주어진 문제라면 우선 완전하게 동작하는 코드를 작성한 후 모든 테스트 케이스에서 정확하고 신속하게 동작하도록 코드를 최적화해야 합니다. 특히 문제에서 예제로 주어진 테스트 케이스에서 정상적으로 동작하더라도 채점에 사용되는 숨겨진 테스트 케이스에서는 문제가 발생하는 경우가 있습니다. 보통 숨겨진 테스트 케이스가 훨씬 더 복잡하고 크기도 더 크기 때문입니다. 또한 테스트 케이스를 다 통과했다 할지라도, 순위를 매기기 위해서 테스트 케이스별 처리 성능에 따라 점수를 매길 수도 있습니다.[5]

---

5 **옮긴이_** 이러한 채점 환경에서 미리 연습해보는 것도 좋은 방법입니다. 이 책의 부록 B에서 이와 관련된 내용을 소개합니다.

N×N 행렬 arr이 있습니다. 좌상단 셀(arr[0][0])에서 우하단 셀(arr[N-1][N-1])로 이동하는 방법의 경우의 수를 구하는 함수를 작성해봅시다. 단 아래쪽 또는 오른쪽으로만 이동할 수 있습니다.

이 문제의 풀이는 5.2절에서 다룰 예정입니다.

2.3 메모 전략

앞 절에서 재귀 호출 과정에서 같은 하위 문제를 여러 번 반복 계산하는 경우를 확인했습니다. 하위 문제의 반복 계산이 발생하면 코드의 시간 복잡도가 지수 시간에 달할 정도로 증가합니다.

재귀 호출 자체가 실행 시간과 메모리의 관점에서 좋지 않은데, 게다가 피보나치 수열을 구하는 [코드 2-1]의 fibonacci(n) 같은 경우 이전에 계산한 바 있는 항도 재귀 호출을 반복하면서 완전히 다시 계산합니다(하위 문제의 반복 계산).

fibonacci(10)를 처음 계산할 때 이 값을 메모리에 저장해서 보관해둘 수 있다면 다음 fibonacci(10)을 호출할 때는 109번의 재귀 호출을 반복하는 대신 이 값을 저장해둔 메모리를 들여다보는 것만으로 결과를 $O(1)$ 시간에 구할 수 있습니다. 이와 같은 접근 방법을 **메모 전략**(메모이제이션)memoization이라고 부릅니다.

메모 전략에서는 어떤 하위 문제를 처음 계산했을 때 그 결과를 일종의 캐시에 저장합니다. 같은 하위 문제를 다시 풀어야 할 때는 이를 완전히 새로 풀어나가는 대신 캐시에서 이미 풀어뒀던 결과를 가져와 반환합니다. 다음 순서도는 이 실행 흐름을 도식화해서 보여줍니다.

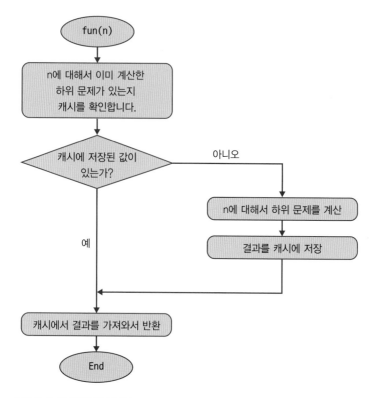

그림 2-6. 메모 전략의 흐름도

피보나치 수열의 n번째 항을 구하는 재귀 함수 [코드 2-1]에 메모 전략을 적용해 보겠습니다. 크기 N(계산해야 할 n의 최댓값)의 정수 배열을 추가해 하위 문제의 결과를 저장할 캐시로 사용합니다.

```
int memo[N] = {0};
```

배열의 모든 원소는 0으로 초기화합니다. 피보나치 수열의 k항을 처음 계산할 때 이 값을 memo[k]에 저장합니다. n=k에 대해서 함수를 다시 호출하면(즉 k항을 다시 계산해야 한다면), 다시 계산($O(2^k)$, 지수 시간)하지 않고 memo[k]의 값을 반환($O(1)$, 상수 시간)합니다. 다음 코드는 [코드 2-1]에 메모 전략을 반영한 버전의 코드입니다.

코드 2-4. 재귀 호출과 메모 전략을 사용해 피보나치 수열의 n번째 항을 구하는 함수

```
// 이 배열의 k번째 원소에 fibonnaci(k)의 결과를 저장합니다.
// fibonacci(k)가 계산 전이라면 memo[k]의 값은 0이 됩니다.
int memo[N] = {0};

int fibonacci(int n)
{
  // 만약 fibonacci(n)을 이미 계산했다면 다시 계산하지 않습니다.
  if(memo[n] != 0)
    return memo[n];

  // fibonacci(n)을 계산해 이 값을 memo[n]에 저장합니다.
  if(n == 1 || n == 2)
    memo[n] = 1;
  else
    memo[n] = fibonacci(n - 1) + fibonacci(n - 2);

  return memo[n];
}
```

이 코드의 fibonacci(n)은 처음 호출될 때만 재귀 호출을 수행하고 같은 값으로 다시 호출될 때는 배열에서 값을 찾아 내놓기만 합니다.

함수의 실행 방식은 두 유형으로 나뉩니다. 하나는 값을 구하기 위해서 재귀 호출을 수행하는 유형이며, 다른 하나는 배열에 저장된 값을 가져와 반환하는 유형입니다. 전자는 메모 배열에 값이 없는 경우이고 후자는 메모 배열에 값이 있는 경우입니다.

메모가 없어서 계산을 해야 하는 경우는 정확히 n번입니다. 이 각 호출을 처리하는 데에는 상수 시간이 필요합니다. 메모가 없는 fibonacci(5)의 호출은 fibonacci(4)와 fibonacci(3)의 결과를 더하기만 하면 되는데 이 둘의 메모가 있다면 둘을 더하는 것은 상수 시간입니다. 그러므로 이 코드를 사용해 피보나치 수열의 n번 항을 구하는 데 필요한 전체 시간은 $O(n)$입니다. 이와 같이 간단한

캐시를 사용해 지수 시간이 필요한 함수를 선형 시간^{linear time}에 해결할 수 있도록 최적화했습니다.

앞에서 본 [표 2-1]을 확장해 한 줄 추가해보겠습니다.

표 2-2. 재귀 호출, 반복 계산, 메모 전략의 함수 호출 횟수 비교

n	2	3	4	5	10	20	40
재귀 호출	1	3	5	9	109	13529	204668309
반복 계산	1	1	1	1	1	1	1
메모 전략	1	3	5	7	17	37	77

[코드 2-4]에서 n=40일 때, 즉 함수 `fibonacci(40)`은 재귀 호출을 77번만 수행합니다. 쉬운 비교를 위해 1회 함수 호출에 1초가 걸린다고 하면6 40번째 항을 계산하는 데 1.28분 걸립니다. 반면 [코드 2-1]의 재귀 함수는 같은 항을 계산하는 데 6.5년이 걸립니다. 다행스럽게도 코드가 비효율적으로 작성되어도 컴퓨터가 너무나도 빠르게 동작해 몇 년이나 걸릴 수 있는 작업을 몇 초 안에 끝마칠 뿐입니다.7

앞에서 본 역 사이 최소 비용 구하기 예제 역시 하위 문제를 여러 번 반복 계산합니다. 재귀 호출을 사용하는 [코드 2-3]도 간단하게 메모 전략을 적용할 수 있습니다. 하지만 여기서의 하위 문제는 두 개의 인수 s와 d를 사용하므로 1차원 형태의 캐시로 문제를 해결할 수 없습니다.

두 역 사이의 최소 요금을 저장하는 캐시로 N×N 크기의 2차원 배열을 사용하겠습니다.

6　예시일 뿐입니다. 실제 컴퓨터는 비교할 수 없을 만큼 빠릅니다.

7　옮긴이_ 저자는 메모 전략의 장점을 실행 속도의 개선 측면에서 강조하고 있습니다. 실행 속도가 개선되는 본질적인 이유는 계산 횟수, 즉 재귀 호출 횟수의 감소인데 재귀 호출 횟수의 감소는 속도 외에도 메모리상의 이점도 큽니다. 재귀 호출 횟수가 많으면 C 프로그램은 런타임 오류가 발생할 수 있습니다. 재귀 호출의 중첩 횟수 자체가 제한되어 있는 파이썬 같은 언어에서는 메모 전략을 사용하지 않으면 프로그램 자체가 동작하지 않는 경우도 발생할 수 있습니다.

```
int memo[N][N] = {0};
```

s번 역에서 d번 역까지의 최소 요금을 계산하고 나서 이 값을 memo[s][d]에 저장합니다. 재귀 호출이 반복되는 과정에서 s번 역에서 d번 역까지의 최소 요금을 다시 구하고자 같은 인수로 함수를 재차 호출하면 이를 다시 계산하지 않고 memo[s][d]에 저장된 값을 반환하면 됩니다.

> **NOTE_** 메모 전략에서는 캐시의 자료형을 결정하는 것이 매우 중요합니다. 캐시는 모든 하위 문제의 결과를 저장하기에 충분해야 합니다. 일반적으로 배열을 사용하며, 문제가 단 하나의 차원으로 구성되면 1차원 배열을, 그렇지 않다면 다차원 배열을 사용합니다.[8]

다음 코드는 [코드 2-3]에 메모 전략을 반영한 코드입니다.

코드 2-5. 재귀 호출과 메모 전략을 사용해 두 역 간의 최소 요금 계산

```
// 2차원 배열 형태의 요금표
int cost[N][N];

// 메모에 사용할 캐시
int memo[N][N] = {0};

// 출발역(s)에서 도착역(d)까지의 최소 요금을 계산합니다.
int minCost(int s, int d)
{
  if(s == d || s == d - 1)
    return cost[s][d];

  // 값이 계산되지 않은 경우에만 블록 안으로 들어가서 계산합니다.
  if(memo[s][d] == 0)
  {
    // 재귀 호출을 사용하는 코드와 비슷합니다.
    int minValue = cost[s][d];

    for(int i = s + 1; i < d; i++)
```

---

8 옮긴이_ 문제 공간의 크기, 즉 메모를 저장할 캐시의 크기를 확정할 수 없을 때는 메모 전략이 도움이 되지 않을 수도 있습니다. 캐시 공간이 우리가 쓸 수 있는 메모리를 모두 고갈시킬 수 있기 때문입니다.

```
    {
      int temp = minCost(s, i) + minCost(i, d);
      if(temp < minValue)
        minValue = temp;
    }

    // 계산된 최소 요금을 캐시에 저장
    memo[s][d] = minValue;
  }
  return memo[s][d];
}
```

이 코드는 $O(n^2)$만큼의 추가 공간이 필요하며 $O(n^3)$의 실행 시간이 필요합니다. 재귀 호출을 사용한 [코드 2-3]을 실행하는 데 지수 시간이 필요했던 것에 비교하면 크게 개선되었습니다.

> **NOTE_** 메모 전략을 사용해 재귀 접근 방식의 문제점 중 하나인 하위 문제의 반복 계산을 피할 수 있습니다. 메모에 사용하는 캐시의 자료구조는 재귀 호출의 인수의 개수에 따라 달라집니다.

기억해야 할 점이 하나 있습니다.

메모 전략도 재귀 접근 방법에 속합니다.

하위 문제의 반복 계산을 방지할 수 있는 메모 전략은 성능 향상의 측면에서 매우 강력한 기법입니다. 재귀 호출에서 발생하는 하위 문제의 반복 계산이라는 부작용을 피하면서도 문제의 구체화 및 하향식 문제 해결이라는 재귀 접근 방식의 장점을 살릴 수 있습니다.

메모 전략 = 재귀 호출 + 캐시 − 하위 문제의 반복 계산

1.2절에서 살펴본 것처럼 재귀 호출 자체가 스택 영역에 활성 레코드를 여러 번 생성하며, 각 활성 레코드의 생성 및 삭제가 메모리와 시간 측면에서 추가 비용이므로 하위 문제의 반복 계산이 없더라도 재귀 호출은 많은 비용이 필요합니다. 메

모 전략 역시 재귀 호출을 사용하기 때문에 메모 전략에서 조금 더 나아간 최적화 방법이 필요합니다.

사실 하위 문제의 반복 계산 상황이 없다면 메모 전략은 실행 시간의 측면에서 재귀 접근 방식과 완전히 동일합니다.

다음 장에서 설명할 다이내믹 프로그래밍 접근 방식은 문제를 푸는 상향식 접근 방법으로, 시간과 공간 복잡도를 더욱 줄일 수 있습니다.

PART 2

드디어 다이내믹 프로그래밍

다이내믹 프로그래밍의 이해

3.1 다이내믹 프로그래밍이란?

컴퓨터와 휴대폰을 생산하는 애플 주식회사에 들어 있는 Apple은 과일 사과의 apple과는 무관합니다. **다이내믹 프로그래밍**dynamic programming도 문제를 푸는 전략 중 하나의 이름으로, 컴퓨터 프로그램을 작성하는 행위인 프로그래밍과 무관합니다.[1]

위키백과에서는 다이내믹 프로그래밍을 '복잡한 문제를 간단한 여러 개의 문제로 나누어 푸는 방법'으로 정의합니다.

이 정의에 따르면 메모 전략도 다이내믹 프로그래밍입니다. 사실 몇몇 책에서는 메모 전략에 대해서 '메모를 사용하는 다이내믹 프로그래밍memoized dynamic programming' 또는 '하향식 다이내믹 프로그래밍top-down dynamic programming'이라는 표현을 사용하며, 이와 구분해 이 책에서 설명할 다이내믹 프로그래밍을 '상향식 다이내믹 프로그래밍bottom-up dynamic programming'이라고 부르기도 합니다.

이 책에서는 문제 해결의 순서에 따라(하향식 또는 상향식) '메모 전략'과 '다이내믹 프로그래밍'이라는 용어를 구분해서 사용할 것입니다.

반복 계산을 사용한 [코드 2-2]에서는 재귀 호출을 사용하지 않고 피보나치 수열의 n번 항을 계산했습니다. 이때 `fibonacci(1)`을 계산한 다음 이어서 `fibonacci(2)`를 계산해 위로 올라가는 듯한 상향식 접근 방법을 취했습니다. 즉 그 코드는 다이내믹 프로그래밍 방식으로 피보나치 수열을 계산하는 함수입니다.

> **NOTE_** 메모 전략과 다이내믹 프로그래밍 모두 개별 하위 문제를 단 한 번만 계산합니다. 메모 전략은 재귀 호출을 사용해 하향식으로 동작하는 반면, 다이내믹 프로그래밍은 상향식으로 문제를 해결합니다.

다이내믹 프로그래밍은 재귀 호출 과정을 펼쳐놓고 메모 전략과 반대 방향으로 이동합니다.

---

[1] 옮긴이_ 이러한 착각을 방지하기 위해 '동적 계획법'으로 번역하기도 합니다. 역자 서문에서 밝혔듯 이 책에서는 면접자가 기대할 용어일 다이내믹 프로그래밍이란 표기를 사용합니다.

[코드 2-2]를 실행하는 데에는 선형 시간이 필요했습니다. 메모 전략을 사용한 [코드 2-4]의 `fibonacci` 함수도 $O(n)$ 시간이긴 하지만, 다이내믹 프로그래밍은 아예 재귀 호출이 없고 스택 영역에 생성되는 활성 레코드도 단 하나뿐이므로 더 낫습니다.

다음 코드가 바로 다이내믹 프로그래밍 접근 방식을 보여줍니다.

코드 3-1. 메모를 사용하지만 재귀 호출을 사용하지 않는 피보나치 수의 계산 함수

```
int fibonacci(int n)
{
  // 피보나치 수를 저장하는 배열
  int arr[n + 1];
  arr[1] = 1;
  arr[2] = 1;
  for(int i = 3; i <= n; i++)
  {
    // 피보나치 수열의 n번째 항을 계산하고 이를 저장
    arr[i] = arr[i - 1] + arr[i - 2];
  }

  return arr[n];
}
```

하지만 $O(n)$ 만큼의 추가 메모리를 사용해 계산된 모든 항을 저장하기 때문에 [코드 2-2]에 비해서 덜 최적화되어 있습니다. k번 항을 구하기 위해서는 k−1번째 항과 k−2번째 항만 알고 있으면 되며 그 이전의 항은 필요하지 않습니다. 이 코드는 필요한 추가 메모리가 $O(1)$ 에서 $O(n)$ 만큼 불필요하게 증가했다고 볼 수 있습니다.

연습문제 3-1

로그 시간($O(\log n)$)에 피보나치 수를 계산하는 `fibonacci(n)` 함수를 작성해봅시다.[2]

---

2   옮긴이_ 이 책의 범위를 넘어 선형대수학을 이해해야 풀 수 있는 문제입니다. 다음과 같은 문서가 도움이 될 겁니다.
   `https://www.geeksforgeeks.org/program-for-nth-fibonacci-number/`

2.2절과 2.3절에서 역 사이 최소 비용 구하기 예제의 재귀 호출 및 메모 전략 버전 코드를 각각 살펴봤습니다. 재귀 해법은 실행하는 데 지수 시간이 필요하며 메모 전략에서는 $O(n^3)$만큼의 실행 시간이 필요했습니다. 하지만 상향식 다이내믹 프로그래밍 방법으로 $O(n^2)$의 시간 복잡도와 $O(n)$만큼의 추가 공간(공간 복잡도)만으로 해결하도록 개선할 수 있습니다.

먼저 0번 역까지의 최소 요금을 계산한 후 이어서 1번 역까지의 최소 요금, 2번 역까지의 최소 요금 등으로 계산해 올라가는 방식입니다. 각 최소 요금은 1차원 배열 minCost[N]에 저장됩니다.

1. 0번 역까지의 최소 요금은 이동할 필요가 없으므로 0입니다.

```
minCost[0] = 0;
```

2. 1번 역까지의 최소 요금은 단 한 가지 경우(cost[0][1])만 존재합니다.

```
minCost[1] = cost[0][1];
```

3. 2번 역까지의 최소 요금은 두 가지 경우(2번 역까지 바로 가는 경우와 1번 역에서 갈아타는 경우)의 요금 중 최솟값입니다.

   3-1. minCost[0] + cost[0][2]

   3-2. minCost[1] + cost[1][2]

   주목할 점은 minCost의 값은 이미 저장된 값을 사용하면 되고 cost의 값은 cost 배열에 이미 정의된 값을 사용하면 된다는 것입니다.

4. 비슷한 방식으로 3번 역까지의 최소 요금은 다음 세 경우의 요금 중 최솟값입니다.

   4-1. 3번 역으로 바로 가는 경우

```
minCost[0] + cost[0][3]
```

4-2. 1번 역으로 간 다음 갈아타서 3번 역으로 바로 가는 경우

```
minCost[1] + cost[1][3]
```

4-3. (바로 가건, 갈아타고 가건) 2번 역으로 간 다음 갈아타서 3번 역으로 가는 경우

```
minCost[2] + cost[2][3]
```

2번 역에서 갈아타는 경우, 2번 역까지의 최소 요금은 앞 단계에서 계산한 최소 요금을 사용하고 여기에 2번 역에서 3번 역으로 바로 가는 요금을 더하면 됩니다(최적의 하위 구조 특성을 반영합니다).

5. 마찬가지로 4번 역까지의 최소 비용은 아래 4개 값 중 최솟값입니다.

```
minCost[0] + cost[0][4]   // 갈아타지 않음
minCost[1] + cost[1][4]   // 1번 역에서 갈아탐
minCost[2] + cost[2][4]   // 2번 역에서 갈아탐
minCost[3] + cost[3][4]   // 3번 역에서 갈아탐
```

이와 같은 과정을 반복해 N-1번 역까지의 최소 요금을 구할 수 있습니다. 다음 코드는 이를 계산하는 함수입니다.

코드 3-2. N-1번 역까지 최소 요금을 다이내믹 프로그래밍 방법으로 계산하는 함수

```
int minCost(int N)
{
  // minValue[i] = 0번 역에서 i번 역까지의 최소 요금
  int minValue[N + 1];
  minValue[0] = 0;
  // cost[j][i] : j번 역에서 i번 역까지 바로 가는 요금
```

```
  minValue[1] = cost[0][1];

  for(int i = 2; i <= N; i++)
  {
    minValue[i] = cost[0][i];
    for(int j = 1; j < i; j++)
      if(minValue[i] > minValue[j] + cost[j][i])
        minValue[i] = minValue[j] + cost[j][i];
  }
  return minValue[N];
}
```

이처럼 피보나치 수열이나 최소 요금 계산 문제에서, 다이내믹 프로그래밍 방법
이 재귀 호출을 사용한 방법보다 더 나은 해결 방법임을 알 수 있습니다.

> **NOTE_** 옮긴이_ 재귀 호출, 메모 전략, 다이내믹 프로그래밍을 사용한 각 코드의 시간 복
> 잡도는 수학적으로 계산할 수 있습니다. 하지만 실제 프로그램의 실행 시간을 비교해보는
> 것이 가장 직관적이겠지요.
>
> 이를 확인할 수 있게 파이썬 버전 코드를 만들어 깃허브에 올려놨습니다(**code2_3_test.**
> **py, code2_5_test.py, code3_2_test.py**). 이들은 최소 요금을 계산하는 각 함수의 실
> 행 시간을 대략적으로 측정하여 보여줍니다. 10회 측정한 평균값은 다음과 같습니다(소수
> 점 이하 반올림).
>
> 먼저 재귀 방식과 메모 전략을 비교한 결과입니다.
>
> 테스트 1: 역이 15개 있을 때 재귀 방식과 메모 전략의 비교
>
> | | 재귀 방식 | 메모 전략 |
> | --- | --- | --- |
> | 실행 시간(ms) | 535 | < 1 |
>
> 다음은 메모 전략과 다이내믹 프로그래밍의 결과입니다.
>
> 테스트 2: 역이 250개 있을 때 메모 전략과 다이내믹 프로그래밍의 비교
>
> | | 메모 전략 | 다이내믹 프로그래밍 |
> | --- | --- | --- |
> | 실행 시간(ms) | 1492 | 4 |
>
> 숫자는 테스트하는 컴퓨터의 성능 및 상태에 따라 달라질 수 있습니다. 하지만 어느 정도
> 의 차이가 나는지 체감하기에는 충분합니다. 참고로 역의 수를 250으로 하여 재귀 방식
> 을 테스트하면 인내심이 바닥나기 전에 답을 얻기 쉽지 않을 겁니다.

다이내믹 프로그래밍의 주 적용 대상은 최적의 하위 구조 특성을 가지고 있으며 하위 문제를 반복해서 계산하는 복잡한 문제들입니다. 하지만 다이내믹 프로그래밍 방법은 직관적인 접근 방법이 아니기 때문에 매우 복잡한 문제에 적용하기가 쉽지 않습니다. 다음 장에서는 매우 복잡한 문제에 다이내믹 프로그래밍 방법을 단계적으로 적용해 해결하는 전략에 대해서 설명합니다.

때로는 하위 문제의 반복 계산 여부가 명확하지 않아서, 다음 예제와 같이 직관적인 재귀 방식의 풀이법이 없는 것처럼 보일 때도 있습니다.

예제: 부분 문자열 다루기

숫자로 이루어진 문자열이 있습니다. 이 숫자열의 부분 문자열^{substring} 중 앞부분 절반 숫자의 합과 뒷부분 절반 숫자의 합이 같은 부분 문자열 가운데 가장 긴 부분 문자열의 길이를 구해봅시다. 예를 들어볼까요?

- **입력 문자열**: 142124
- **출력**: 6

입력된 문자열이 "142124"일 때 앞의 절반(142)의 숫자의 합(7)과 뒤의 절반(124)의 숫자의 합(7)이 같으므로 주어진 전체 문자열이 우리가 찾는 가장 긴 부분 문자열이 됩니다. 그러므로 출력은 전체 문자열의 길이인 6입니다.

- **입력 문자열**: 9430723
- **출력**: 4

이 문자열에서 앞의 절반과 뒤의 절반의 합이 같은 가장 긴 부분 문자열은 "4307"입니다.

풀이법을 살펴보겠습니다. 먼저 찾아야 하는 부분 문자열의 길이가 짝수라는 점에 주목해봅시다. 문자열을 앞, 뒤 절반으로 나눌 수 있으려면 문자열의 길이는 짝수여야 합니다.

이 예제는 **완전 탐색**(무차별 대입)[brute-force], 즉 짝수 길이의 모든 부분 문자열에 대해서 앞의 절반의 숫자의 합과 뒤의 절반의 숫자의 합이 같은지를 확인해보는 방법으로 풀 수도 있습니다. 이를 검사하면서 부분 문자열의 길이를 저장해뒀다가 마지막에 모든 길이 중 최댓값을 반환합니다.

현재까지 구한 최댓값을 저장해두고 현재 검사하려는 부분 문자열의 길이가 최대 길이보다 짧은 경우는 검사를 생략해도 됩니다. 구현은 다음과 같습니다.

코드 3-3. 완전 탐색으로 조건에 맞는 가장 긴 부분 문자열 길이 구하기

```
int maxSubStringLength(char* str)
{
  int n = strlen(str);
  int maxLen = 0;

  // i = 부분 문자열의 시작 인덱스
  for(int i = 0; i < n; i++)
  {
    // j = 부분 문자열의 끝 인덱스 (짝수 길이)
    for(int j = i + 1; j < n; j += 2)
    {
      // len = 현재 부분 문자열의 길이
      int len = j - i + 1;

      // 만약 지금까지의 maxLen이 검사하려는 문자열보다 길면
      // 현재 문자열을 검사(앞쪽과 뒤쪽 절반의 숫자의 합이 같은지)하지
      // 않습니다.
      if(maxLen >= len)
        continue;

      int lSum = 0, rSum = 0;
      for(int k = 0; k < len / 2; k++)
      {
        lSum += (str[i + k] - '0');
        rSum += (str[i + k + len / 2] - '0');
      }
      if(lSum == rSum)
        maxLen = len;
    }
  }
```

```
    return maxLen;
}
```

이 함수의 시간 복잡도는 $O(n^3)$ 입니다. 아마도 이게 제일 먼저 생각나는 풀이법이겠지요. 이 예제와 이 코드로 알 수 있는 사실은 다음과 같습니다.

1. 가장 직관적인 해결 방법이 반드시 재귀 호출을 사용해야 하는 것은 아닙니다.

2. 가장 직관적인 해결 방법이 반드시 지수 시간의 시간 복잡도인 것은 아닙니다.

하지만 위 풀이법에도 반복해서 계산하는 하위 문제가 존재합니다. 예를 들어 "12345678"이라는 문자열에서 부분 문자열 "123456"을 검사하는 경우와 부분 문자열 "345678"을 검사하는 경우, 두 경우 모두 4+5를 계산해야 합니다. 이전에 다른 부분 문자열을 검사하는 과정에서 4+5를 계산한 결과가 존재할 수 있음에도 매번 4+5를 다시 계산해야 하는 것입니다.

다이내믹 프로그래밍 방법을 사용해 이러한 반복 계산을 피해봅시다. 부분 문자열의 숫자의 합을 구하는 가장 기본적인 경우는 부분 문자열의 글자가 한 글자인 경우입니다. 이를 두 글자, 세 글자 순서로 늘려가면서 상향식으로 계산합니다.

문자열의 i번째 숫자부터 j번째 숫자까지의 합을 S(i, j)라고 합시다.

1. 길이 1의 부분 문자열(i=j) 숫자의 합 S(i, i)은 i번째 숫자의 값입니다.

2. 길이 2의 부분 문자열 숫자의 합 S(i, j) = S(i, i) + S(j, j)이며, S(i, i)와 S(j, j)는 1번 단계에서 이미 계산되어 있습니다.

3. 길이 3인 부분 문자열 숫자의 합 S(i, j)는 한 글자 부분 문자열의 숫자의 합과 두 글자 부분 문자열의 숫자의 합인데 각각 1번 단계와 2번 단계에서 계산되어 있습니다.

이와 같은 과정을 반복해나가면 이미 계산해둔 짧은 부분 문자열의 숫자의 합들을 사용해 긴 부분 문자열의 숫자의 합을 계산할 수 있습니다. 이를 일반화하면 다음과 같습니다.

S(i, j) = S(i, k) + S(k + 1, j)

더 짧은 부분 문자열의 숫자의 합에 해당되는 S(i, k)와 S(k + 1, j)는 이미 계산해둔 결과가 있으므로 단순히 그 두 수의 합으로 상수 시간에 S(i, j)를 구할 수 있습니다.

부분 문자열의 합을 저장하려면 2차원의 행렬이 필요하므로 이를 추가해 구현해보겠습니다. 다음 코드의 sum[i][j]는 앞에서 본 S(i, j)에 해당하며 문자열의 i번째 인덱스의 숫자부터 j번째 인덱스의 숫자까지의 합을 저장합니다.

코드 3-4. 다이내믹 프로그래밍으로 조건에 맞는 가장 긴 부분 문자열 길이 구하기

```
int maxSubStringLength(char* str)
{
  int n = strlen(str);
  int maxLen = 0;

  // sum[i][j] = 인덱스 i에서 인덱스 j까지의 숫자의 합
  // i > j인 경우의 값은 사용하지 않습니다.
  int sum[n][n];

  // 행렬의 대각선 아래쪽(i>j)은 사용하지 않습니다.
  // 대각선 위치의 값을 채워 넣습니다.
  for(int i = 0; i < n; i++)
    sum[i][i] = str[i] - '0';

  for(int len = 2; len <= n; len++)
  {
    // 현재 부분 문자열의 i와 j를 선택합니다.
    for(int i = 0; i < n - len + 1; i++)
    {
      int j = i + len - 1;
      int k = len / 2;
```

```
        // sum[i][j]의 값을 계산
        sum[i][j] = sum[i][j - k] + sum[j - k + 1][j];

        // len이 짝수이고, 왼쪽과 오른쪽 절반의 합이 같으며
        // len이 maxLen보다 크면 maxLen을 갱신합니다.
        if(len % 2 == 0 && sum[i][j - k] == sum[j - k + 1][j] && len > maxLen)
          maxLen = len;
      }
    }
  return maxLen;
}
```

다이내믹 프로그래밍 방법을 사용해 개선된 함수는 $O(n^2)$의 시간 복잡도를 가지며 $O(n^2)$만큼 추가 메모리를 사용합니다. 물론 이 코드도 2차원 행렬의 많은 부분을 사용하지 않으므로 메모리 사용량을 줄여볼 개선의 여지가 있습니다.

연습문제 3-2

이번 절 예제에 대하여 $O(n^2)$의 시간 복잡도를 가지지만 추가 메모리는 $O(1)$만큼만 사용하는 풀이법을 찾아봅시다.

> **NOTE_** 다이내믹 프로그래밍에 대해서 모르는 사람일지라도 역 사이 최소 비용 구하기 예제를 [코드 3-2]처럼 다이내믹 프로그래밍으로 해결할 수도 있습니다. 다이내믹 프로그래밍의 접근 방식은 알고 있지만 그 방식의 이름이 무엇인지 모르고 있을 수도 있습니다. 또는 완전 탐색 알고리즘으로 문제를 풀어놓고 이를 최적화하다 보니 다이내믹 프로그래밍 접근 방법에 도달했을지도 모릅니다.
>
> 프로그램을 작성할 때 사용하는 각종 접근 방법, 클래스나 인터페이스를 구조화하는 방법 등은 서로 다른 프로젝트에 공통적으로 적용될 수 있습니다. 그래서 이러한 개발 방법을 정리해서 디자인 패턴design pattern이라고 부릅니다.
>
> 특정 디자인 패턴에 대해서 아는 바가 없는 개발자도 어떤 문제를 풀다가 특정 디자인 패턴과 유사하게 문제를 해결하는 일이 생기곤 합니다. 단지 자신이 사용한 방법에 특정 디자인 패턴의 이름이 붙어 있음을 모를 뿐입니다.

다음 절에서는 문제를 해결하기 위해 지금까지 다룬 두 가지 기본적인 접근 방법인 하향식 접근 방법(재귀 또는 메모 전략)과 상향식 접근 방법(다이내믹 프로그

래밍)의 차이를 살펴봅니다.

3.2 하향식 접근 방법과 상향식 접근 방법

지금까지 재귀 접근 방법, 메모 전략과 다이내믹 프로그래밍에 대해서 알아봤습니다. 앞의 두 가지는 문제를 해결하는 하향식 방법인 반면 다이내믹 프로그래밍은 상향식 접근 방법입니다. 이 절에서는 실제 문제를 통해 상향식과 하향식 접근 방법을 비교해보겠습니다.

예제: 계승 함수

다음 코드는 n의 계승을 계산하는 함수입니다. [코드 1-19]와 동일한 코드입니다.

코드 3-5. n의 계승을 구하는 하향식 접근 방법

```
int factorial(int n)
{
  if(1 == n || 0 == n)
    return 1;
  else
    return n * factorial(n - 1);
}
```

재귀 호출을 사용하는 이 코드는 하향식으로 문제의 해결 방법을 정의했습니다. factorial(n-1)을 사용해 factorial(n)을 정의했고, 종료 조건은 제일 밑바닥에 도달했는지를 확인하는 것입니다.

다음 그림은 factorial(4)로 함수를 호출했을 때 어떤 과정으로 값을 계산하는지를 보여줍니다. 문제를 하향식으로 해결하는 과정이 잘 표현되어 있습니다. 제일 위(factorial(4))에서 문제를 풀기 시작하며 문제 해결에 필요한 제일 밑바닥까지 하위 문제를 풉니다.

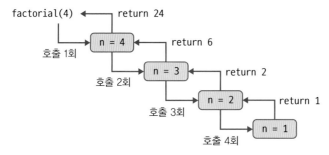

그림 3-1. factorial(4)의 하향식 풀이 과정

반면 상향식 접근 방법은 다음과 같이 밑바닥에서부터 풀이법을 전개해나갑니다.

$$1! = 1$$
$$2! = 2 \times (1!) = 2$$
$$3! = 3 \times (2!) = 6$$
$$4! = 4 \times (3!) = 12$$

코드 3-6. n의 계승을 구하는 상향식 접근 방법. [코드 1-20]과 같은 코드입니다.

```
int factorial(int n)
{
  int f = 1;
  for(int i = 2; i <= n; i++)
    f = f * i;
  return f;
}
```

하향식 접근 방법은 먼저 목적지를 인식하고 거기에 도달하기 위한 수단을 강구합니다. 반면 상향식 접근법에서는 사용 가능한 모든 수단을 확보한 후 목적지로 이동합니다. 이 둘을 여행에 비유하자면 다음과 같습니다.

- **하향식**top-down: 세계 여행을 떠날 겁니다. 우선, 아시아부터. 아시아에서도 한국부터. 한국에서도 서울부터.

- **상향식**bottom-up: 일단 서울부터 여행하고, 그다음 서울 이외의 한국도 여행

하고, 그다음 한국 이외의 아시아도 여행하고, 그리고 마지막에는 전 세계를 여행하는 거야.

차이를 아시겠나요?

주목할 점은 둘 중 어떤 방법을 택하더라도 실제로 해야 할 첫 번째 일은 서울을 여행한다는 겁니다. 계승을 구하는 앞의 예제에서도 마찬가지로 상향식으로 접근하건 하향식으로 접근하건 `factorial(1)`을 제일 먼저 계산합니다. 하향식 접근 방법에는 메모리의 스택 영역상의 활성 레코드의 형태로 모든 계승을 계산하기 위한 백로그가 있을 뿐입니다.

재귀 접근 방식과 같은 하향식 접근 방법이 더 직관적인 이유는 최상단의 경우부터 문제를 조망하면서 상황을 폭넓게 이해할 수 있기 때문입니다. 하향식 접근법의 가장 간단한 예제는 이진 트리 알고리즘입니다. 이진 트리의 전위 순회pre-order traversal 알고리즘은 다음과 같습니다.

```
root의 전위 순회:
  root의 데이터를 출력
  root의 왼쪽 서브 트리를 전위 순회
  root의 오른쪽 서브 트리를 전위 순회
```

이렇게 전위 순회 알고리즘은 제일 위에서 출발해 아래쪽으로 이동해나갑니다. 대부분의 이진 트리 알고리즘이 이와 같은 식으로 동작합니다. 제일 위에서 출발해 정해진 순서로 트리를 탐색하고 이 과정에서 경로를 결정해나갑니다. 다음 예제를 볼까요?

예제: 이진 트리

주어진 이진 트리에 대해서 각 노드 자신을 포함한 하위 노드의 값의 합을 구해봅시다. 입력과 출력의 예는 다음과 같습니다.

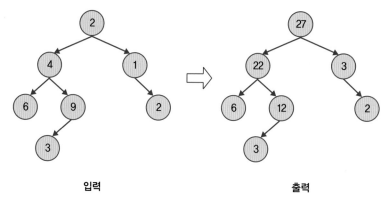

입력　　　　　　　　　　　　출력

그림 3-2. 이진 트리의 하위 노드의 합

값이 9인 노드는 자식 노드가 하나뿐이므로 자식 노드의 값(3)과 자신의 값(9)을
더해서 12가 됩니다. 값이 4인 노드는 하위 노드가 세 개(6, 9, 3) 있습니다. 이들
의 값에 자신의 값(4)을 더해서 22가 출력값이 됩니다. 이와 같은 방식으로 모든
노드의 값을 갱신하면 되며, 자식이 없는 종단 노드의 값만 변하지 않습니다. (참
고로, 이 예제는 다이내믹 프로그래밍과 무관한 예제입니다.)

대부분의 이진 트리와 관련된 문제에서는 문제 전체를 한 번에 해결할 필요는 없
습니다. 트리의 루트를 시작점으로 하여 왼쪽 자식 트리와 오른쪽 자식 트리의 문
제가 이미 해결되었다고 가정하고 양쪽 자식 트리의 결과를 루트 트리에 취합하
여 계산만 하면 됩니다.

이를 재귀 호출의 방식으로 접근하면, 종료 조건을 정해두고 왼쪽과 오른쪽 자식
트리에 대해서 재귀 호출을 하는 형태입니다. 이 예제에서 필요한 종료 조건은 두
가지입니다.

　1. 현재 노드가 NULL이면 아무것도 하지 않습니다.

　2. 현재 노드가 종단 노드이면 역시 아무것도 하지 않습니다.

이 예제에서는 자식 노드의 트리에 대한 계산이 모두 끝난 다음에야 자신의 값을
더할 수 있기 때문에 트리를 후위 순회로 탐색하는 게 좋겠습니다. 알고리즘으로

정리하면 다음과 같습니다.

---

root의 자식 노드들의 합
  root의 왼쪽 자식 노드들의 합
  root의 오른쪽 자식 노드들의 합
  왼쪽 자식 노드들의 합과 오른쪽 자식 노드들의 합과 root 노드의 값을 더한다

이 알고리즘에 종료 조건을 더하면 다음 코드와 같이 구현할 수 있습니다.

코드 3-7. 각 노드에 대해 자신과 하위 노드의 값의 합을 구합니다.

```
void addChildSum(Node* root)
{
  if(root == NULL)  // 종료 조건
    return;

  // 왼쪽 자식 트리에 대해서 계산합니다.
  addChildSum(root->left);

  // 오른쪽 자식 트리에 대해서 계산합니다.
  addChildSum(root->right);

  int finalSum = root->data;
  if(root->left != NULL)
    finalSum += root->left->data;

  if(root->right != NULL)
    finalSum += root->right->data;

  root->data = finalSum;
}
```

종단 노드의 값은 변하지 않습니다. 종단 노드가 아닌 다른 모든 노드는 왼쪽과 오른쪽 자식 트리의 계산이 마무리된 다음 자신 노드의 값과 자식 노드들의 값을 더합니다.

상향식이건 하향식이건 상관없이 factorial(1)을 제일 먼저 계산했던 앞의 예

와 마찬가지로, 이번 예제에서도 비록 하향식 알고리즘을 사용했지만 계산과 값의 흐름은 언제나 상향식이라는 사실에 주목합시다.

> **NOTE_** 재귀 호출을 사용하는 방식은 하향식 문제 풀이 방식입니다. 메모 전략 역시 하향식 방식이지만 하위 문제의 계산 결과를 캐시에 저장한 후 재활용한다는 점에서 재귀 접근 방식에 비해 개선된 방법입니다.
> 다이내믹 프로그래밍은 재귀 호출 자체로부터 발생하는 부하를 피하기 위해서 상향식으로 문제를 해결합니다.

상향식 다이내믹 프로그래밍이 좋지 않은 경우

대부분의 경우 하향식으로 문제를 푸는 것보다 상향식으로 문제를 푸는 것이 좋습니다. 하지만 경우에 따라서는 하향식 풀이법을 선택해야 할 수도 있습니다. 어떤 경우에 해당될까요?

하향식 접근 방법(재귀 호출 또는 메모 전략)에서는 모든 하위 문제를 풀지 않고 전체 문제의 해답을 얻는 데 필요한 하위 문제만 풀었습니다. 상향식 다이내믹 프로그래밍에서는 전체 문제의 풀이에 도달하기 전 모든 하위 문제에 대해서 계산을 수행합니다.

따라서 드물게도 실제 필요한 것보다 훨씬 더 많은 하위 문제를 풀어야 하는 경우도 있습니다. 이런 부작용을 피하려면 다이내믹 프로그래밍에서의 문제 풀이 구조를 적절하게 구성해야 할 때가 있습니다. 그런 예제를 하나 살펴봅시다.

수학에서 조합^{combination}은 다음과 같은 점화식으로 정의할 수 있습니다.

```
C(n, m) = C(n - 1, m) + C(n - 1, m - 1)
```

다음 코드는 두 개의 인수 n과 m을 받아 C(n, m)을 반환하는 재귀 함수를 정의합니다.

코드 3-8. 조합을 계산하는 재귀 함수

```
int combination(int n, int m)
{
  if(n == 0 || m == 0 || n == m)
    return 1;
  else
    return combination(n - 1, m) + combination(n - 1, m - 1);
}
```

이 문제를 다이내믹 프로그래밍으로 푸는 방법은 우선 전체 파스칼의 삼각형3을
구성한 다음 (n+1)번째 행의 (m+1)번째 값을 반환하면 됩니다. 예를 들어 C(5,
4)는 아래 파스칼 삼각형에서 네모 안의 값을 반환합니다.

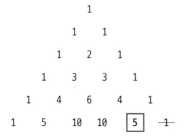

그림 3-3. 파스칼의 삼각형과 C(5, 4). 다이내믹 프로그래밍에서는 마지막 1을 제외한 모든 노드를 계
산합니다.

다이내믹 프로그래밍 해법은 전체 삼각형을 구성한 후 이 값을 반환합니다(제일
오른쪽 하단 취소선이 그어진 1은 다이내믹 프로그래밍에서도 구할 필요가 없습
니다). 하지만 재귀 호출을 사용하는 경우는 다음 그림에서 취소선이 그어지지 않
은 필요한 노드의 값만 계산합니다.

---

3 옮긴이_ 파스칼의 삼각형은 조합의 값, 즉 이항계수를 삼각형 형태로 배열한 것입니다. 파스칼의 삼각형을 만드는 방식은 옆으로
   인접한 두 값의 합을 다음 줄의 두 수의 사이에 쓰는 형태로 만들어 삼각형 모양으로 확장하는 것인데, 앞에서 본 점화식이 바로
   이 두 값의 합을 의미합니다. *https://ko.wikipedia.org/wiki/파스칼의_삼각형* 참고.

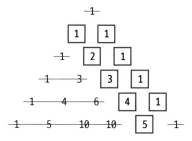

그림 3-4. 재귀 호출을 사용해 조합을 계산할 때 계산되는 노드와 계산되지 않는 노드

n과 m이 매우 큰 값이라면 재귀 해법은 시간과 메모리양 측면에서 다이내믹 프로그래밍보다 월등히 좋은 성능을 보일 겁니다.

> **NOTE_** 옮긴이_ N−1번 역까지의 최소 요금을 구하는 예제와 비슷한 방법으로 조합을 계산하는 메모 전략과 다이내믹 프로그래밍을 비교해보았습니다. 깃허브의 **code3_8_memo.py**와 **code3_8_dp.py**가 각각 메모 전략과 다이내믹 프로그래밍으로 구현한 코드입니다.
>
> C(250, 150)과 C(250, 10) 두 경우에 대해서 10회 실행한 결과의 평균은 다음과 같았습니다.
>
> | | C(250, 150) | C(250, 10) |
> |---|---|---|
> | 메모 전략(재귀 호출 사용) | 10ms | 2ms |
> | 다이내믹 프로그래밍 | 9ms | 9ms |
>
> 다이내믹 프로그래밍은 두 경우 모두 같은 높이의 파스칼의 삼각형을 만들어야 하므로 C(250, 150)과 C(250, 10)의 실행 시간에 큰 차이는 없습니다. 반면 재귀 호출을 사용하는 메모 전략의 경우 C(250, 150)은 C(250, 10)에 비해서 파스칼의 삼각형의 훨씬 많은 부분을 채워야 하기 때문에 C(250, 10)이 훨씬 빨리 실행됩니다. 이런 이유로 C(200, 10)을 계산하는 경우 메모 전략을 사용한 결과가 훨씬 좋습니다.
>
> 사실 C(200, 150)에서도 메모 전략이 훨씬 적은 하위 문제를 계산합니다. 다만 메모 전략은 재귀 호출로 인해 발생하는 부하 때문에 실행 시간의 측면에서 손해를 보기 때문에 다이내믹 프로그래밍보다 약간 느리게 실행된다고 추정할 수 있습니다.
>
> 물론 이 예제는 이런 경우도 있음을 보여주는 것일 뿐입니다. 다이내믹 프로그래밍이 가능한 경우라면 가급적 다이내믹 프로그래밍으로 문제를 풀어봅시다. 거의 실망하지 않을 겁니다.

여기까지 다이내믹 프로그래밍의 개념에 대해서 설명했습니다. 다음 장에서는 코딩 경진대회나 면접에서 주어지는 다이내믹 프로그래밍 문제를 풀어나가는 데 사용되는 전략에 집중하여 설명합니다.

다이내믹 프로그래밍 적용 전략

다이내믹 프로그래밍도 결국 문제를 푸는 기술입니다. 이 기술을 사용하려면 많은 문제를 풀어봐야 합니다. 까다로운 문제를 다이내믹 프로그래밍으로 쉽게 해결하는 것을 볼 때면 마치 예술 작품을 감상하는 듯한 느낌도 듭니다.

다이내믹 프로그래밍을 사용해 문제를 푸는 기본적인 순서는 먼저 재귀 호출을 사용해 풀이법을 작성한 후, 문제의 난이도와 문제를 해결하는 데 주어진 시간에 따라 다이내믹 프로그램이나 메모 전략을 사용해 풀이법을 개선해나가는 것입니다. 이번 장은 이러한 문제 풀이 전략 자체에 대해 살펴봅니다.

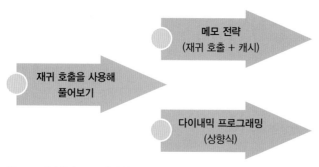

그림 4-1. 다이내믹 프로그래밍의 기본 전략

최적의 하위 구조를 가지며 같은 하위 문제를 여러 번 반복 계산하는 문제가 다이내믹 프로그래밍을 적용하기 좋은 문제라고 앞에서 이야기했습니다. 최적의 하위 구조를 파악해 문제를 재귀 방식으로 접근하고, 재귀 방식에서 발생하는 같은 문제의 반복 계산을 다이내믹 프로그래밍으로 해결하면 됩니다.

4.1 세 방법을 차례대로 적용하며 문제 풀기

대부분의 경우 메모 전략과 다이내믹 프로그래밍은 재귀 접근 방법을 기본으로 사용합니다. 재귀로 시작해 개선해나가는 과정은 앞에서 이미 다루었습니다. 여기서는 앞에서 다룬 내용을 몇몇 예제에 적용하면서 재귀, 메모 전략, 다이내믹 프로그래밍의 세 가지 접근 방법을 복습해보겠습니다.

예제: 행렬에서 최소 이동 비용 구하기

M×N 크기의 2차원의 비용 행렬 cost의 각 셀(cost[i][j])은 해당 셀을 통과하는 데 드는 비용을 나타냅니다. 어떤 셀에서 출발해 다른 셀에 도달하는 데 드는 총 비용은 경로상의 출발 셀과 도착 셀을 포함한 모든 셀의 비용의 합입니다.

비용 행렬이 주어졌을 때 행렬의 가장 좌상단 셀에서 가장 우하단 셀로 이동하는 데 드는 최소 비용을 반환하는 함수를 작성해봅시다. 단 아래쪽과 오른쪽으로 한 셀씩만 이동할 수 있습니다. 즉 셀 (i, j)에서는 셀 (i, j + 1) 또는 셀 (i + 1, j)로만 이동할 수 있습니다.

다음 그림은 3×4 비용 행렬의 예와 이 비용 행렬에서의 최소 비용 경로를 보여줍니다. 좌상단 셀(출발 셀)이 (0, 0)이고, 우하단 셀(목적 셀)은 (2, 3)입니다.

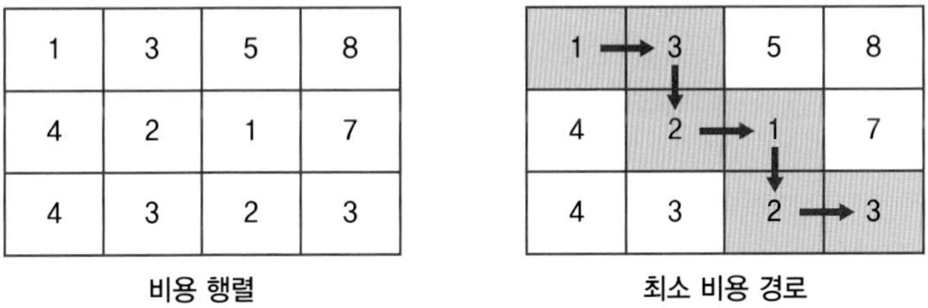

비용 행렬   최소 비용 경로

그림 4-2. 비용 행렬과 최소 비용 경로

재귀 호출

문제의 지문에 재귀 호출을 사용해 해결하라고 되어 있다면 더 좋은 풀이 방법이 있다 할지라도 재귀 호출을 사용해 문제를 해결해야 합니다. 그렇다고 가정하고 다음 예제를 우선 재귀 호출 함수를 사용해 풀어봅시다.

재귀 호출을 사용해 문제를 풀고자 하면 큰 문제를 작은 하위 문제를 사용해 정의한 후, 하위 문제의 해결은 재귀 호출에 맡기면 됩니다. 이 재귀 호출은 가장 큰 문제, 즉 최종 목적지에 도달하는 데서 시작하여 종료 조건에 도달할 때까지 이루어집니다.

- **큰 문제**: 셀 (2, 3)에 도달하는 최소 이동 비용을 구하기

- **작은 문제 1**: 셀 (2, 2)에 도달하는 최소 이동 비용을 구하기

- **작은 문제 2**: 셀 (1, 3)에 도달하는 최소 이동 비용을 구하기

작은 문제들은 인수의 값만 다를 뿐이지 큰 문제와 완전히 동일합니다. 큰 문제를 푸는 함수와 똑같은 함수로 작은 문제들도 풀 수 있으므로, 재귀 호출을 사용할 수 있습니다.

셀 (2, 3)에 도달하기 위해서는 셀 (2, 2) 또는 셀 (1, 3) 둘 중 한 셀을 반드시 통과해야 합니다. 그러므로 작은 문제들의 답을 알고 있다면, 즉 셀 (2, 2)까지의 최소 이동 비용과 셀 (1, 3)까지의 최소 이동 비용을 알고 있다면 셀 (2, 3)까지의 최소 이동 비용도 계산할 수 있습니다.

x와 y가 각각 셀 (2, 2)와 셀 (1, 3)까지의 최소 이동 비용이라면 셀 (2, 3)까지의 최소 이동 비용은 다음과 같습니다.

```
MIN(x, y) + cost[2][3]
```

이 로직을 코드의 형태로 작성해봅시다.

코드 4-1. 최소 이동 비용을 구하는 재귀 함수

```
/* 행렬의 왼쪽 위가 (0, 0), 오른쪽 아래가 (m, n) 셀로 0부터 시작하므로
 * 이 MxN 크기의 행렬이 주어졌을 때 m = M - 1, n = N - 1이 됩니다.
 * cost 행렬을 배열로 선언하거나 함수를 호출할 때 주의합시다. */
int minPathCost(int cost[M][N], int m, int n)
{
  int x = minPathCost(cost, m-1, n);
  int y = minPathCost(cost, m, n-1);
  // getMin()은 두 수 중 작은 수를 반환하는 도우미 함수입니다.
  return getMin(x, y) + cost[m][n];
}
```

여기서 getMin은 두 정수의 최솟값을 반환하는 도우미 함수입니다. 이 코드에는 종료 조건이 없으므로 이를 추가해야 합니다. 종료 조건이 될 가능성이 있는 특별한 경우를 다음과 같이 정리할 수 있습니다.

1. **m과 n 모두 0인 경우**: 이 경우는 출발지가 목적지인 경우입니다. 셀 (0, 0)으로 가는 방법은 단 한 가지뿐이며, cost[0][0]의 값을 반환합니다.

2. **m은 0이고 n은 0이 아닌 경우**: 이 경우는 목적지가 제일 위 행에 있지만 셀 (0, 0)은 아닌 경우입니다. 이 목적지로는 오른쪽으로만 이동해야 도달할 수 있습니다. 그러므로 바로 왼쪽 셀의 최소 이동 비용에 현재 셀의 비용을 더해서 반환합니다.

3. **m은 0은 아니고 n은 0인 경우**: 이 경우는 목적지가 제일 왼쪽 열에 있지만 셀 (0, 0)은 아닌 경우입니다. 이 목적지로는 아래로만 이동해야 도달할 수 있습니다. 그러므로 바로 위 셀의 최소 이동 비용에 현재 셀의 비용을 더해서 반환합니다.

이 세 가지 경우 중 2번과 3번은 종료 조건은 아닙니다. 그저 재귀 호출의 제약 조건일 뿐입니다. 1번만이 종료 조건입니다. 다음 코드는 종료 조건과 제약 조건을 반영했고 도우미 함수까지 갖춘 완전한 코드입니다.

코드 4-2. 종료 조건을 추가한 최소 이동 비용을 구하는 재귀 함수

```
int getMin(int a, int b)
{
  return a < b? a: b;
}

// 셀 (0, 0)에서 셀 (m, n)까지의 최소 이동 비용을 계산합니다.
int minPathCost(int cost[M][N], int m, int n)
{
  if(m == 0 && n == 0)  // 셀 (0, 0)이 목적지인 경우
    return cost[0][0];
  if(m == 0)            // 목적지가 제일 위 행에 있을 때
    return minPathCost(cost, 0, n - 1) + cost[0][n];
  if(n == 0)            // 목적지가 제일 왼쪽 열에 있을 때
```

```
        return minPathCost(cost, m - 1, 0) + cost[m][0];

    int x = minPathCost(cost, m-1, n);
    int y = minPathCost(cost, m, n-1);
    // getMin()은 두 수 중 작은 수를 반환하는 도우미 함수입니다.
    return getMin(x, y) + cost[m][n];
}
```

이 코드는 정상적으로 동작해서 답을 내는 코드입니다 그러므로 효율적인 코드를 작성하는 데 익숙하지 않다면 이 정도가 최고의 답일 수도 있습니다.

이 코드에서 최적의 하위 구조 특성을 관찰해봅시다. 하위 문제의 최적의 풀이법을 사용해 큰 문제의 풀이법을 정의하고 있습니다. 하지만 하위 문제의 계산을 여러 번 반복한다는 문제가 있습니다.

예를 들어 다음 그림을 살펴봅시다. 이 그림은 셀 (2, 3)까지의 최소 이동 비용을 구하려 할 때 함수가 재귀 호출되는 상황을 보여줍니다.

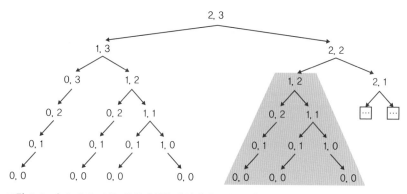

그림 4-3. minPathCost(2, 3)을 호출할 때 발생하는 재귀 호출의 구조

각 노드의 숫자는 함수를 호출할 때 사용하는 인수 m과 n의 값입니다. 지면상 전부를 다 그린 것은 아니지만, 셀 (1, 2)까지의 **minPathCost**를 두 번 계산한다는 사실을 확인할 수 있습니다. 즉 셀 (2, 3)까지의 최소 이동 비용을 구하는 과정에서 셀 (1, 2)까지의 최소 비용을 두 번 구하며, 여기서 그치지 않고 셀 (1, 2) 아래

의 모든 인수에 대한 함수 호출이 중복됩니다.

인수 m과 n의 값이 크면 이런 반복 계산이 매우 많아집니다. 이 코드의 시간 복잡도는 $O(2^n)$입니다. 또한 재귀 호출을 사용하므로 메모리도 추가적으로 매우 많이 사용합니다.

물론 처음에 예제를 재귀 호출을 사용해 풀어보자고 이야기했습니다. 하지만 재귀 호출을 사용하면서도 훨씬 효율적으로 동작하는 메모 전략을 사용해 이 코드를 개선할 수 있습니다.

메모 전략

한번 호출한 인수에 대한 결과를 저장하는 메모 전략을 사용해 재귀 코드를 개선해봅시다. 각 셀 (i, j)의 minPathCost를 처음 계산할 때 이를 일종의 캐시(2차원 배열)에 저장해둔 후 셀 (i, j)의 minPathCost 값이 다시 필요하게 되면 계산을 반복하지 않고 캐시에서 가져오는 방법입니다. 각 셀의 최소 이동 비용을 저장해야 하므로 2차원 배열을 캐시에 사용합니다. 다음은 재귀 코드인 [코드 4-2]에 메모 전략을 반영한 코드입니다.

코드 4-3. 캐시와 재귀 호출로 최소 이동 비용을 구하는 함수(메모 전략)

```
// 변수를 사용해 전역 변수 배열을 선언할 수 없으므로
// 상수를 선언하여 사용합니다.
#define M 3
#define N 4

// 결과를 저장(메모)할 전역 변수(캐시)
int MEM[M][N] = {0};

int getMin(int a, int b)
{
  return a < b? a: b;
}

int minPathCost(int cost[M][N], int m, int n)
{
  // 만약 셀 (m, n)의 최소 이동 비용이 이미 계산되어 있다면
```

```
  // 다시 계산하지 않습니다.
  if(MEM[m][n] != 0)
    return MEM[m][n];

  // 계산된 결과는 MEM[m][n]에 저장한 다음, 이 값을 반환합니다.
  if(m == 0 && n == 0)
    MEM[m][n] = cost[0][0];
  else if(m == 0)
    MEM[m][n] = minPathCost(cost, m, n - 1) + cost[0][n];
  else if(n == 0)
    MEM[m][n] = minPathCost(cost, m - 1, n) + cost[m][0];
  else{
    int x = minPathCost(cost, m-1, n);
    int y = minPathCost(cost, m, n-1);
    MEM[m][n] = getMin(x, y) + cost[m][n];
  }
  return MEM[m][n];
}
```

> **NOTE_** 이 코드에서는 하위 문제의 계산 결과를 저장하는 데에 전역 변수 배열 **MEM**을 사용했습니다. 행렬이 여러 개 있다든가 해서 여러 다른 함수에서 **minPathCost**를 호출해야 한다면 전역 변수 **MEM**을 다시 초기화해야 한다는 사실을 잊지 맙시다(초기화하지 않으면 이전에 호출한 결과가 저장되어 있을 겁니다). 캐시를 전역 변수로 지정하면 메모 전략을 쉽게 구현할 수 있지만 이런 소소한 불편함이 따라옵니다.

이 코드의 요점을 정리하면 다음과 같습니다.

- 셀 (i, j)의 minPathCost를 처음 계산할 때 이 값을 배열 MEM[i][j]에 저장합니다.

- 셀 (i, j)의 minPathCost를 계산하기 전 이미 계산된 값이 있는지를 확인한 후(즉 MEM[i][j]의 값이 0이 아닌지를 확인한 후) 이미 계산된 값이 있다면 반복 계산 없이 이 값을 반환합니다.

이 코드에는 여전히 재귀 호출이 있습니다. 하지만 한번 계산한 하위 문제는 다시 계산하지 않습니다. 다음 그림은 메모 전략으로 개선된 함수의 재귀 호출 상황을 보여줍니다. 앞에서 본 [그림 4-3]과 비교해보면 함수 호출 횟수가 상당히 감소했음을 알 수 있습니다.

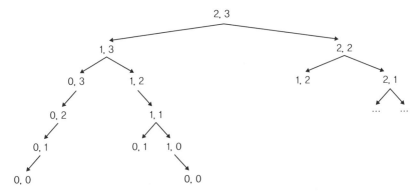

그림 4-4. 메모 전략을 사용해 개선된 재귀 호출의 구조

이 코드의 시간 복잡도는 $O(n^2)$ 입니다. 훨씬 더 큰 배열(예를 들어 100×100)에서 계산을 한다면, 재귀 호출과 메모 전략으로 구현한 프로그램의 실행 시간 차이는 엄청납니다.

끝으로 다이내믹 프로그래밍을 사용한 풀이법을 소개하겠습니다.

상향식 다이내믹 프로그래밍

이 문제의 최적 풀이법은 다이내믹 프로그래밍으로 출발 셀 (0, 0)에서 목적 셀 (m, n)까지 상향 이동하면서 경로상의 모든 셀의 minPathCost를 계산하는 방식입니다.

재귀 호출을 사용할 때처럼 어떤 셀의 minPathCost를 계산하려면 해당 셀의 바로 위쪽과 바로 왼쪽 셀의 minPathCost를 알아야 합니다. 행렬을 다음처럼 채워봅시다.

1. 먼저 [그림 4-2]에서 본 것처럼 비용 행렬(cost)은 다음과 같습니다.

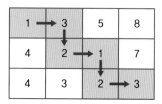

1	3	5	8
4	2	1	7
4	3	2	3

비용 행렬   최소 비용 경로

2. 셀 (0, 0)의 minPathCost는 cost[0][0]과 같습니다.

1			

3. 제일 위 행에 있는 셀은 오른쪽으로 이동해서만 도착할 수 있습니다. 그러
   므로 제일 위 행 셀들의 최소 이동 비용은 왼쪽에 있는 모든 셀의 비용의
   합에 자신의 셀의 비용을 더한 값입니다.

1	4	9	17

4. 제일 왼쪽 열에 있는 셀은 아래쪽으로만 이동해서 도착할 수 있습니다. 그
   러므로 제일 왼쪽 열의 셀들의 최소 이동 비용은 위에 있는 모든 셀의 비
   용의 합에 자신의 셀의 비용을 더한 값입니다.

1	4	9	17
5			
9			

5. 이제 나머지 셀을 (1, 1)부터 채워나갑니다. 이 값을 채우는 로직은 재귀 호출이나 메모 전략에서 사용했던 것과 동일합니다.

다음 코드는 다이내믹 프로그래밍으로 작성한 코드입니다.

코드 4-4. 다이내믹 프로그래밍으로 최소 이동 비용을 구하는 함수

```
/* 재귀 호출이나 메모 전략을 사용할 때와 마찬가지로
 * 셀 (0, 0)에서 셀 (2, 3)까지의 최소 이동 비용을 구할 때의
 * M과 N의 값은 3(m + 1)과 4(n + 1)입니다.
 * cost 배열과 MEM 배열을 선언할 때 주의합시다 */
#define M 3
#define N 4

int MEM[M][N] = {0};

int getMin(int a, int b)
{
  return a < b? a: b;
}

int minPathCost(int cost[M][N])
{
  MEM[0][0] = cost[0][0];

  // 제일 위 행
  for(int j = 1; j < N; j++)
    MEM[0][j] = MEM[0][j - 1] + cost[0][j];

  // 제일 왼쪽 열
  for(int i = 1; i < M; i++)
    MEM[i][0] = MEM[i - 1][0] + cost[i][0];

  // 나머지 셀을 채워나갑니다.
  for(int i = 1; i < M; i++)
    for(int j = 1; j < N; j++)
      MEM[i][j] = getMin(MEM[i - 1][j], MEM[i][j - 1]) + cost[i][j];

  return MEM[M-1][N-1];
}
```

이 코드의 시간 복잡도는 $O(n^2)$이며,으로 재귀 호출이나 메모 전략을 사용하는 앞의 두 버전에 비해서 개선되었습니다. minPathCost의 값을 저장한 MEM 행렬의 각 셀에는 셀 (0, 0)에서 해당 셀까지의 최소 이동 비용이 저장되어 있습니다.

1	4	9	17
5	6	7	14
9	9	9	12

그림 4-5. 최종적으로 완성된 MEM 행렬의 값

연습문제 4-1

앞의 예제를 확장해서. 다음 그림과 같이 오른쪽. 아래쪽 외에도 우하향 대각선 방향까지 세 방향으로 이동할 수 있다면 풀이법을 어떻게 수정해야 할까요?

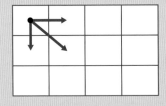

그림 4-6. 대각선 방향으로도 움직일 수 있다면?

4.2 다이내믹 프로그래밍을 사용한 문제 해결

지금까지 여러 예제에서 보아왔듯 재귀 호출이나 메모 전략은 실행 시간 또는 사용하는 메모리양의 관점에서 최적의 풀이법이 아닐 수 있습니다. 어떤 문제에 시간 또는 메모리의 제한이 주어지면 반드시 다이내믹 프로그래밍 또는 다른 최적화된 풀이법을 찾아야 할 수도 있습니다.

이 장의 나머지 부분에서는 주어진 문제가 다이내믹 프로그래밍 방법론에 적절한지를 판단하는 방법과 문제를 다이내믹 프로그래밍으로 풀기 위한 접근 방법에 대해서 설명합니다. 다음 장에서는 다이내믹 프로그래밍을 적용하여 풀 수 있는 실전 문제를 다룹니다.

어떤 문제의 다이내믹 프로그래밍 해법을 고민하기 전에 제일 먼저 해야 할 일은 주어진 문제가 다이내믹 프로그래밍에 적합한지를 판단하는 것입니다.

다이내믹 프로그래밍을 적용할 수 있을까요?

다이내믹 프로그래밍 적용 여부를 가장 확실하게 확인하는 방법은 문제가 최적의 하위 구조를 가지고 있는지, 그리고 하위 문제를 반복해서 계산하는지를 찾아보는 것입니다. 다이내믹 프로그래밍은 복잡한 문제를 같은 유형의 하위 문제로 나눌 수 있고, 이 하위 문제를 풀어나가는 과정에 같은 하위 문제가 여러 형태로 반복되는 경우에 사용합니다. 반복 여부는 4.1절의 행렬 내 최소 이동 비용 구하기 예제처럼 쉽게 찾을 수도 있지만, 3.1절의 부분 문자열 예제처럼 명확하게 보이지 않을 수도 있습니다.

또한 다이내믹 프로그래밍을 사용하기에 적합한 문제들은 어떤 값을 최적화, 최대화 또는 최소화하거나 경우의 수를 찾는 문제에 해당하며 이런 문제들이 최적의 하위 구조를 가지고 있다면 다이내믹 프로그래밍을 한 번쯤 고려해보는 것도 나쁘지 않은 접근 방법입니다.

> **NOTE_** 다이내믹 프로그래밍은 **하위 문제의 계산이 반복**되며 **최적의 하위 구조**가 있는 문제들을 해결하는 데 가장 적합합니다.

요약하자면, 문제를 본격적으로 풀어보기 전 다음 체크리스트를 확인해봅시다.

1. 문제를 같은 형태의 하위 문제로 나눌 수 있습니까?

2. 하위 문제의 계산이 반복되나요?

3. 최적화, 최대화 또는 최소화나 어떤 작업의 경우의 수를 구하는 유형의 문제입니까?

1번과 2번에 해당된다면 다이내믹 프로그래밍 방법을 사용할 기회입니다. 3번 항목은 1번, 2번 항목으로도 결정하기 쉽지 않을 때 사용할 수 있는 보너스 체크리스트입니다.

다이내믹 프로그래밍으로 문제 풀기

세상에 똑같은 문제는 존재하지 않기 때문에 모든 다이내믹 프로그래밍 문제에 적용할 수 있는 마법의 은탄환 같은 방법은 없습니다. 하지만 다음의 단계식 접근법 정도는 대부분의 다이내믹 프로그래밍 문제에 적용할 수 있습니다.

1. **다이내믹 프로그래밍을 적용할 수 있는 경우인지 확인**: 바로 위에서 소개한 세 가지 체크리스트를 적용해봅시다.

2. **점화식 또는 재귀 과정을 정의**: 같은 종류의 하위 문제가 있다면 재귀 호출을 사용할 수 있습니다.

    2-1. **문제를 하위 문제를 사용해 하향식으로 정의**: 이 시점에 시간 복잡도는 고민하지 않아도 좋습니다.

    2-2. **맨 아래에 해당하는 '기본 경우'에 대한 답을 정의**: 나머지는 재귀 호출에 맡기면 됩니다. 하위 문제들은 대부분 재귀 호출에 의해서 해결되는데 제일 끝, 가장 기본 경우의 답은 함수가 해결해야 합니다.

    2-3. **종료 조건을 추가**: 재귀 과정은 어디선가 반드시 멈춰야 합니다. 그 어디선가가 종료 조건입니다. 대부분 기본 경우가 종료 조건에 해당됩니다.

    여기까지 진행하면 재귀 호출을 사용해 동작하는 풀이법이 생깁니다.

3. **(선택적) 메모 전략을 시도**: 같은 하위 문제를 반복해서 계산하는 경우라면

하위 문제의 해답을 캐시에 저장한 후 같은 문제를 풀어야 할 때 캐시에 저장된 값을 사용합니다.

4. **상향식으로 문제 풀이에 도전**: 마지막으로, 재귀 호출을 제거하고 기본 경우에서 출발하는 진행 방향으로 풀이법을 재정의합니다. 문제를 풀어나가는 동안 전체 문제를 푸는 데 필요한 결과들만 캐시에 저장합니다.

3단계(메모 전략)는 다이내믹 프로그래밍의 개념을 학습 중인 초보자들을 위한 단계입니다. 복잡한 다이내믹 프로그래밍의 세계로 들어가지 않고도 재귀 호출 방식을 개선할 수 있습니다. 제약 사항이 엄격하지 않은 면접이라면 재귀 호출이나 메모 전략을 사용하는 방식을 풀이법으로 제출할 수 있지만, 대부분의 경우 최고의 풀이법은 역시 다이내믹 프로그래밍을 사용하는 것입니다. 코딩 경진대회라면 대개 다이내믹 프로그래밍을 적용하지 않고는 경쟁이 되지 않을 겁니다. 숙련자들은 3단계를 건너뛰고 바로 4단계 다이내믹 프로그래밍으로 넘어갈 수 있습니다.

> **NOTE**_ 이 접근 방법에서 2단계까지 해결하고 나면 정답을 제시하는 풀이법을 구한 셈입니다. 최적의 풀이법보다는 성능이 떨어지지만 구문적으로 그리고 의미적으로 올바른 풀이법입니다. 대화형 면접인 경우 시간이 부족한 상황에서 굳이 다이내믹 프로그래밍 풀이법을 제시하겠다고 고집하지 말고 그 풀이법을 제시해봅시다. 면접자에게 더 나은 풀이법이 있다고 덧붙이면 추가 시간이나 기회가 주어질 수도 있습니다. 물론 그런 기회가 주어지면 풀이법을 최적화할 수 있어야 하겠죠?

이어지는 절에서 지금까지 설명한 전략과 과정을 실제 면접에서 사용되곤 하는 문제들에 적용해보겠습니다.

예제: 타일로 공터 채우기

2×n 크기의 공터가 있습니다. 이 공터 전체를 타일로 덮고자 합니다. 각 타일의 크기는 2×1인데, 이 타일은 가로 혹은 세로로 배치할 수 있습니다. 다음 그림은 n=5일 때 타일을 배치할 수 있는 여러 경우 중 한 예입니다.

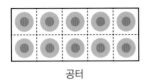
공터

배치 예

그림 4-7. 2×5 크기의 공터와, 이 공터에 타일을 배치한 예

n의 값을 인수로 받아서 타일을 배치할 수 있는 전체 경우의 수를 반환하는 함수를 작성해봅시다(타일을 쪼개는 것은 불가능합니다).

바로 풀이법으로 들어가죠. 재귀 과정을 정의하는 것부터 시작합니다. 첫 번째 타일을 세로 혹은 가로로 배치하는 경우로 나눠서 생각해봅니다.

1. 첫 번째 타일을 세로로 배치하면 문제는 '2×(n-1) 크기 공터에 타일을 배치할 수 있는 전체 경우의 수'로 줄어듭니다.

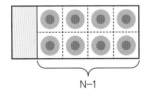
N-1

2. 첫 번째 타일을 가로로 배치하면 두 번째 타일도 반드시 가로로 배치해야 합니다. 그러므로 문제는 '2×(n-2) 크기 공터에 타일을 배치할 수 있는 전체 경우의 수'로 줄어듭니다.

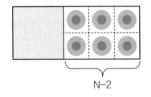
N-2

두 경우 모두 같은 유형의 작은 문제로 큰 문제를 정의할 수 있습니다. 즉, 재귀 호출을 사용할 수 있습니다. 이 문제를 재귀 호출을 사용해 정의하려면 종료 조건도 정의해야 합니다. 종료 조건은 다음과 같습니다.

1. n=1이면 타일을 놓는 방법은 타일 한 개를 세로로 배치하는 한 가지밖에 없습니다.

2. n=2이면 타일을 놓는 방법은 타일 두 개를 세로로 배치하거나 타일 두 개를 가로로 배치하는 두 가지밖에 없습니다.

다음 코드는 재귀 호출을 사용한 코드입니다.

코드 4-5. 재귀 호출을 사용하는 타일 배치 경우의 수 함수

```
int countWays(int n)
{
  // 종료 조건
  if(n == 1)
    return 1;
  if(n == 2)
    return 2;

  return countWays(n - 1) + countWays(n - 2);
}
```

이 재귀 함수는 종료 조건이 다르다는 점만 제외하면 피보나치 수열의 항의 값을 구하는 함수와 동일합니다.[1] 피보나치 수열의 다이내믹 프로그래밍 풀이법은 [코드 2-1]에서 소개했습니다. 피보나치 수열의 다이내믹 프로그래밍 풀이법과 마찬가지로 이 예제의 다이내믹 프로그래밍 풀이법 역시 $O(n)$의 시간 복잡도를 가집니다.

연습문제 4-2

다이내믹 프로그래밍을 사용해 이번 절 예제를 풀어봅시다. [코드 3-1]을 참조하세요.

---

1 처음 보는 문제와 널리 알려진 문제를 연관 지을 수 있다면 이건 매우 좋은 발상입니다. 면접 중이라면 이러한 연관성을 파악했다는 사실을 면접자에게 알려주세요. 사실 이렇게 연관을 지을 수 있다는 것 자체가 매우 훌륭한 능력이며 채용 여부를 결정할 때 도움이 될 것입니다.

이번 절 예제에서 공터의 크기를 3×n으로 바꾼다면 풀이에서 어떤 부분을 고쳐야 할까요? 다음 그림은 n=12일 때 3×n 크기의 공터에 타일을 배치할 수 있는 경우 중 한 예입니다.

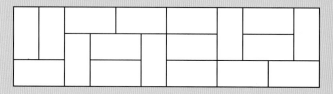

그림 4-8. n=12일 때 3×n의 공터에 타일을 배치한 예

예제: 특정 점수에 도달하는 경우의 수 구하기

플레이어가 한 번에 3점 또는 5점 또는 10점을 얻을 수 있는 게임이 있습니다. 플레이어가 n점에 정확히 도달하는 전체 경우의 수를 구해봅시다.

예를 들어 n=13일 때 13점에 도달할 수 있는 전체 경우는 다음과 같습니다.

$$(3, 10), (3, 5, 5), (5, 3, 5), (5, 5, 3), (10, 3)$$

그러므로 n=13일 때의 출력은 5입니다.

풀이법을 생각해봅시다. 이 문제의 점화식은 다음과 같습니다.

```
n점에 도달하는 경우의 수 = (n-10)점에 도달하는 경우의 수
                        + (n-5)점에 도달하는 경우의 수
                        + (n-3)점에 도달하는 경우의 수
```

종료 조건은 다음과 같습니다.

1. n < 0일 때 경우의 수는 0

2. n=0일 때 경우의 수는 1^2

꽤 간단한 코드의 재귀 함수로 작성할 수 있습니다.

코드 4–6. 재귀 호출을 사용해서 n점까지 도달하는 경우의 수를 구하는 함수

```
int waysToScore(int n)
{
  if(n < 0) return 0;
  if(n == 0) return 1;
  return waysToScore(n - 10)
        + waysToScore(n - 5)
        + waysToScore(n - 3);
}
```

이 코드의 재귀 함수는 하위 문제를 여러 번 반복 계산합니다. n이 13일 때 함수의 재귀 호출 구조는 다음 그림과 같습니다. 지면이 좁아서 전체 트리를 다 그리지 않았지만 여기서도 하위 문제의 반복 계산을 확인할 수 있습니다. n이 커지면서 반복 계산도 많아집니다. 이 코드의 시간 복잡도는 $O(3^n)$입니다.

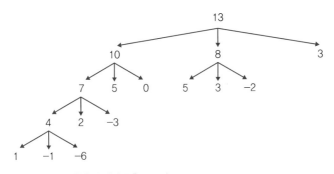

그림 4–9. 재귀 함수의 재귀 호출 구조

이 문제를 상향식 다이내믹 프로그래밍으로 풀어보면 다음 코드와 같습니다. 1차원 배열을 캐시로 사용해 arr[k]에 k점까지의 경우의 수를 저장합니다.[3]

---

2 옮긴이_ N에서 3, 5, 10을 빼면서 추적해본 결과가 0이라면, 즉 정확히 N에 도달하는 경우라면 1가지의 경우가 추가된다는 뜻입니다.

3 옮긴이_ 이 코드는 arr[i]의 초기화가 필요한 로직입니다. 오래된 C 언어 표준과 달리 1999년에 발표된 C99에서는 이 코드처럼 변수를 사용해 가변 길이의 배열도 선언할 수 있도록 표준을 정했습니다. 하지만 상수를 사용해 선언한 배열과 달리 선언과 동시에 배열의 값을 초기화할 수는 없습니다. 따라서 가변 길이의 배열을 초기화할 때는 이 코드처럼 별도의 초기화 과정이 필요합니다.

```
int waysToScore(int n)
{
  // 변수를 사용해 선언한 배열은 초기화를 할 수 없습니다.
  // 즉 int arr[n + 1] = {0}은 컴파일 에러가 발생합니다.
  int arr[n + 1];
  for(int i = 0; i <= n; i++)
    arr[i] = 0;

  arr[0] = 1;   // 0점까지의 경우의 수는 아무것도 하지 않는 1가지입니다.

  for(int i = 1; i <= n; i++)
  {
    if(i - 3 >= 0)
      arr[i] += arr[i - 3];
    if(i - 5 >= 0)
      arr[i] += arr[i - 5];
    if(i - 10 >= 0)
      arr[i] += arr[i - 10];
  }
  return arr[n];
}
```

연습문제 4-4

만약 순서를 고려하지 않는다면, 즉 (10, 3)과 (3, 10)을 구분하지 않고 경우의 수를 세면 어떻게 될까요? 이를 반영하도록 함수를 수정해봅시다.

예제: 연속된 부분 배열의 최댓값 구하기

예제를 하나 더 풀어봅시다. 정수로 이루어진 배열에서 연속된 부분 배열의 합의 최댓값을 반환하는 함수를 만들어봅시다.

예를 들어 입력 배열이 [−2, −3, 4, −1, −2, 1, 5, −3]일 때 출력값은 7이어야 합니다(−2, −3, 4, −1, −2, 1, 5, −3).

다음 코드는 이 문제를 완전 탐색 알고리즘으로 구현한 결과입니다. 2중 루프를 사용해 모든 가능한 부분 배열의 숫자의 합을 계산해서 이 중 최댓값을 반환합니다.

코드 4-8. 완전 탐색 알고리즘으로 부분 배열의 합의 최댓값을 구하는 함수

```c
int maxSubArraySum(int* arr, int n)
{
  int maxSum = 0;
  int tempSum = 0;

  for(int i = 0; i < n; i++)
  {
    tempSum = 0;
    for(int j = i; j < n; j++)
    {
      // tempSum은 현재의 인덱스 i에서 인덱스 j까지의 배열의
      // 숫자의 합을 저장합니다.
      tempSum += arr[j];
      if(tempSum > maxSum)
        maxSum = tempSum;
    }
  }
  return maxSum;
}
```

단, 배열의 모든 원소가 음수라면 이 알고리즘은 오답인 0을 반환합니다. maxSum 의 값이 0인지를 확인해서 0인 경우 maxSum 배열 내의 최댓값을 반환하도록 수정 해야 합니다.[4]

이 코드의 시간 복잡도는 $O(n^2)$ 입니다. 이 예제를 선형 시간($O(n)$)의 시간 복잡 도로 푸는 알고리즘도 있습니다. 배열을 딱 한 번만 뒤지는 이 알고리즘은 카데인 알고리즘Kadane's algorithm이라고 불립니다. 두 개의 정수형 변수를 사용합니다.

---

4 옮긴이_ 지면상 코드에는 이를 반영하지 않았습니다. 실제 시험이라면 이 부분을 추가해야 합니다. 깃허브 코드에는 배열의 값의 범위가 정해져 있다고 가정하고 적당한 작은 값으로 maxSum을 초기화했습니다. 하지만 이와 별도로 모든 배열의 원소가 음수인 지를 확인하는 것이 일반화된 알고리즘입니다.

```
int maxSumEndingHere = 0;
int maxSumSoFar = 0;
```

배열 내 각 원소에 대해 루프를 돌면서 다음과 같이 두 변수를 갱신합니다. 배열의 i번째 숫자부터 j번째 숫자까지의 합이 음수라면 배열의 j+1번째 숫자까지의 합이 배열의 j+1번째 값보다 작을 테니 이전까지의 합을 무시하고(즉 maxSumEndingHere = 0) 다시 더해가면서 현재까지의 최댓값과 비교하면 됩니다.

```
maxSumEndingHere = maxSumEndingHere + arr[i]
if(maxSumEndingHere < 0)
  maxSumEndingHere = 0;
if(maxSumSoFar < maxSumEndingHere)
  maxSumSoFar = maxSumEndingHere;
```

다음 코드는 이를 구현한 전체 코드입니다.[5]

코드 4–9. 카데인 알고리즘으로 부분 배열의 합의 최댓값을 구하는 함수

```
int maxSubArraySum(int* arr, int n)
{
  int maxSumSoFar = 0;
  int maxSumEndingHere = 0;

  for(int i = 0; i < n; i++)
  {
    maxSumEndingHere += arr[i];

    if(maxSumEndingHere < 0)
      maxSumEndingHere = 0;

    if(maxSumSoFar < maxSumEndingHere)
      maxSumSoFar = maxSumEndingHere;
```

---

[5] 옮긴이_ 이 코드 역시 배열이 모두 음수인 경우를 처리하는 부분은 생략했습니다. 깃허브 코드에는 모두 음수일 경우 배열의 값 중 최댓값을 찾아 반환하는 부분을 추가했습니다. 앞의 [코드 4–8]($O(n^2)$)과 [코드 4–9]($O(n)$) 모두 최댓값을 찾는 부분($O(n)$)을 추가해도 전체 코드의 시간 복잡도는 변하지 않습니다(물론 실제 실행 시간은 최댓값을 찾을 경우 그만큼 더 걸립니다).

```
    }
    return maxSumSoFar;
}
```

이 코드의 시간 복잡도는 선형 시간($O(n)$)입니다. 입력 배열이 [−2, −3, 4, −1, −2, 1, 5, −3]일 때 i가 증가함에 따라 maxSumEndingHere와 maxSumSoFar 두 변수의 값은 다음 표와 같이 변합니다.

표 4-1. maxSumEndingHere와 maxSumSoFar 변수의 값의 변화

i	arr[i]	maxSumEndingHere	maxSumSoFar
0	−2	0	0
1	−3	0	0
2	4	4	4
3	−1	3	4
4	−2	1	4
5	1	2	4
6	5	7	7
7	−3	4	7

이 예제는 재귀 호출 알고리즘보다 완전 탐색 알고리즘이 상대적으로 더 쉬운 드문 경우의 다이내믹 프로그래밍 문제입니다. 이 문제를 재귀 호출로 해결하기 위한 점화식은 그다지 직관적이지 않습니다. 점화식은 다음과 같이 정의할 수 있습니다.

$$M(n) = \max(M(n-1) + arr[n], \; arr[n])$$

여기서 $M(n)$은 maxSubArraySum 함수이며 arr은 배열입니다. 이 점화식에서 최적의 하위 구조 특성은 쉽게 찾을 수 있습니다. n에 대한 maxSubArraySum을 구하려면 n−1에 대한 maxSubArraySum의 값이 필요하기 때문입니다. 하지만 n일 때 n−1에 대해서만 재귀 호출하기 때문에 하위 문제의 반복 계산은 일어나지 않

습니다.

따라서 카데인 알고리즘이 다이내믹 프로그래밍인지 아닌지에 대해서는 견해의 차가 있을 수 있습니다. 큰 문제를 작은 문제로 쪼갠다는 점에서 최적의 하위 구조 특성을 보여주지만, 재귀 호출 과정에서 다이내믹 프로그래밍을 통해 최적화할 하위 문제의 반복 계산이 발생하지 않기 때문입니다.

이 책에서는 다이내믹 프로그래밍 관점에서 이 알고리즘이 어떻다 명확히 정의하지는 않겠습니다. 카데인 알고리즘이 다이내믹 프로그래밍에 속하는지 아닌지 자유롭게 고민해봅시다. 면접 과정에서 이런 식의 토론이 펼쳐진다면 양쪽 측면을 모두 자신의 관점으로 이야기할 수 있는 준비가 되었길 바랍니다. 이런 기술적인 토론은 면접 과정의 다른 대답만큼이나 중요합니다.

PART 3

지금부터 게임을 시작하지

CHAPTER O5

실전 문제

지금까지는 다이내믹 프로그래밍 문제를 해결하기 위한 준비 과정이었습니다. 재귀 호출을 사용하는 방법, 재귀 호출의 문제점을 인식하고 이를 개선하는 메모 전략, 그리고 상향식 다이내믹 프로그래밍으로 문제를 풀어보는 방법들을 살펴봤습니다.

이번 장은 여러 개의 복잡한 문제를 풀어보는 실전 연습으로 구성되어 있습니다. 대부분의 연습문제가 재귀 호출을 사용하는 방법, 메모 전략을 사용하는 방법, 상향식 다이내믹 프로그래밍을 사용하는 방법의 세 가지 풀이를 제시합니다. 문제를 풀다가 부족한 부분이 느껴진다면 앞의 내용을 찾아 복습해봅시다. 여러 문제에 걸쳐 이 과정을 반복 학습하면 난해한 문제를 푸는 방법에 대한 감을 잡게 될 겁니다.

마지막 장으로 들어가봅시다. 행운을 빌어요!

5.1 최소 교정 비용 문제

'COMPUTER'(컴퓨터)와 'COMMUTER'(통근자) 두 단어는 매우 비슷합니다. 딱 한 글자만 P에서 M으로 바꾸면 앞의 단어를 뒤의 단어로 바꿀 수 있습니다. 이와 유사하게 'SPORT'라는 단어도 한 글자만 지우면 'SORT'로 바꿀 수 있고, 반대로 'SORT'에 한 글자만 삽입하면 'SPORT'로 바꿀 수 있습니다.

두 단어 str1과 str2가 주어지고, str1에서 수행할 수 있는 연산은 다음과 같이 세 개입니다.

1. **삽입**insert

2. **삭제**remove

3. **치환**replace

두 단어 간의 교정 비용은 한 단어에서 다른 단어로 바꾸는 데 필요한 글자 연산의 횟수로 정의합니다. str1에서 str2로 바꾸는 데 필요한 연산의 최소 개수를 구하는 프로그램을 작성해봅시다. 예를 들어 입력 단어가 'CAT'과 'CAR'라면 최소 교정 비용은 1입니다.

두 단어가 'SUNDAY'와 'SATURDAY'라면 최소 교정 비용은 3입니다.

재귀 호출을 사용하는 풀이와 설명

우선 재귀 해법을 사용하는 풀이법을 찾기 위해서는 같은 유형을 가진 작은 문제를 사용해 큰 문제를 정의할 수 있어야 합니다. str1의 첫 번째 글자와 str2의 첫 번째 글자를 비교하는 것이 시작 지점입니다.

1. 두 글자가 같다면 양쪽 단어의 첫 번째 글자에 대해서는 아무것도 하지 않아도 되며, 첫 글자를 제외한 두 단어 간의 최소 교정비용을 찾아야 합니다. 즉 양쪽 단어에서 첫 번째 글자는 무시한다는 의미입니다.

2. 두 글자가 다르다면 사용 가능한 세 개의 연산을 고려해봐야 합니다.

   2-1. **삭제 연산**: str1에서 첫 번째 글자를 삭제하고 난 후 첫 번째 글자가 삭제된 str1과 str2 사이의 최소 교정 비용을 구합니다.

   2-2. **치환 연산**: str1의 첫 번째 글자를 str2의 첫 번째 글자로 치환한 다음 양쪽의 첫 번째 글자를 제외한 단어 간의 최소 교정 비용을 구합

니다. 치환 연산 이후에는 양쪽 단어의 첫 번째 글자가 같아졌으니까요.

2-3. **삽입 연산**: str2의 첫 번째 글자를 str1의 제일 앞에 삽입한 다음 양쪽 단어의 첫 번째 글자를 제외한 나머지 단어 간의 최소 교정 비용을 구합니다. 삽입하고 나면 첫 번째 글자가 같아졌으니까요. 그리고 str1의 길이는 한 글자 증가합니다.

연산 이후의 최소 교정 비용은 재귀 호출에 맡겨버립니다. 삭제, 치환, 삽입의 어떤 연산을 수행하건 하나의 연산을 수행했으므로 각 재귀 호출의 결과 중 제일 최솟값에 1을 더해서 반환합니다.

이 재귀 과정을 구현하면 다음 코드와 같습니다.

코드 5-1. 재귀 호출을 사용해 최소 교정 비용을 구하는 함수

```c
int editDistance(char* str1, char* str2)
{
  // str1이 빈 문자열이면 str2의 모든 글자를 삽입하면 됩니다.
  if(str1 == NULL || *str1 == '\0')
    return strlen(str2);
  // str2가 빈 문자열일때도 마찬가지입니다.
  if(str2 == NULL || *str2 == '\0')
    return strlen(str1);

  // 첫 번째 글자가 같을 때는 첫 번째 글자를 무시하고
  // 나머지 단어 간의 최소 교정 비용을 구합니다.
  if(*str1 == *str2)
    return editDistance(str1 + 1, str2 + 1);

  int d, u, i;
  // 삭제 연산 후 최소 교정 비용을 구하는 재귀 호출
  // 실제로 삭제하는 대신 str1의 첫 번째 글자를 제외하고
  // 양쪽 단어 사이의 최소 교정 비용을 구합니다.
  d = editDistance(str1 + 1, str2);
  // 치환 연산 후 최소 교정 비용을 구하는 재귀 호출
  // 치환 후 첫 번째 글자가 같아지므로 실제로 치환하는 대신
  // 두 번째 글자부터 양쪽 단어 사이의 최소 교정 비용을 구합니다.
  u = editDistance(str1 + 1, str2 + 1);
```

```
// 삽입 연산 후 최소 교정 비용을 구하는 재귀 호출
// 실제로 삽입하는 대신 str2의 첫 번째 글자를 제외하고
// 양쪽 단어 사이의 최소 교정 비용을 구합니다.
i = editDistance(str1, str2 + 1);

// 세 연산 이후 최소 교정 비용 간의 최솟값에 1을 더해서 반환합니다.
// getMinimum() 함수는 세 정수의 최솟값을 구하는 도우미 함수입니다.
return getMinimum(d, u, i) + 1;
}
```

이 코드는 지수 시간($O(3^n)$)의 시간 복잡도를 갖습니다. 다음 그림에서 확인할 수 있듯 재귀 호출 과정에서 같은 하위 문제를 여러 번 반복해서 계산합니다. 그림은 길이가 3인 두 개의 단어를 대상으로 함수를 호출할 때 발생할 수 있는 최악의 경우의 예입니다. str1이 'CAT'이고 str2가 'DOG'인 경우라 생각해보면 뒤에서 두 글자씩의 문자열('AT'와 'OG')의 editDistance를 세 번 계산합니다(그림에서 2, 2 쌍). 문자열의 길이가 길어지면 하위 문제의 반복 계산은 훨씬 많아집니다.

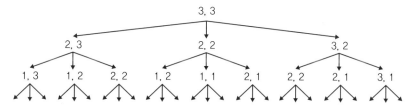

그림 5-1. 한 글자도 겹치지 않는 길이가 3인 두 단어의 최소 교정 비용을 구하는 경우

다이내믹 프로그래밍을 사용하는 풀이와 설명

이 문제의 다이내믹 프로그래밍 접근 방법은 두 단어의 교정 비용을 구하는 과정에 필요한 모든 가능한 조합에 대해서 교정 비용을 상향식으로 구해보는 것입니다. str1, str2 두 단어의 길이가 각각 n과 m이라면 빈 문자열의 경우를 포함한 모든 가능한 조합은 (m + 1) × (n + 1)입니다. 그러므로 조합의 각 경우에 대한 최소 교정 비용을 저장하기 위해서 (m + 1) × (n + 1) 크기의 행렬을 사용해야

합니다.

이 행렬의 행과 열 각각에 하나씩의 단어를 다음 그림과 같이 배치합니다. 예시로 str1이 'SUNDAY', str2가 'SATURDAY'인 경우를 살펴보겠습니다.

		S	A	T	U	R	D	A	Y
S									
U				$C_{2,3}$					
N									
D									
A									
Y									

그림 5-2. 'SUNDAY'와 'SATURDAY'의 최소 교정 비용을 구하기 위한 행렬

이 행렬의 (i, j)번째 셀의 값은 **str1**의 첫 i개의 글자와 **str2**의 첫 j개의 글자 사이의 최소 교정 비용의 값입니다(i와 j의 값은 0부터 시작). 즉, 예로 그림에 표시한 $C_{2,3}$의 값은 'SU'와 'SAT' 사이의 최소 교정 비용입니다. 이 행렬의 값을 모두 채우고 난 후 가장 우하단의 값($C_{7,8}$)이 'SUNDAY'와 'SATURDAY' 간의 최소 교정 비용이 됩니다.

위 행렬에서 첫 번째 행은 첫 번째 단어가 빈 문자열일 때의 최소 교정 비용이며, 첫 번째 열은 두 번째 단어가 빈 문자열일 때의 최소 교정 비용입니다.

첫 번째 열과 첫 번째 행은 쉽게 채울 수 있습니다. 첫 번째 단어가 빈 문자열일 때 두 단어를 똑같이 만들려면 두 번째 단어의 모든 글자를 첫 번째 단어에 삽입하거나 두 번째 단어의 모든 글자를 삭제하면 됩니다. 어떤 쪽이건 필요한 연산의 수는 두 번째 단어의 글자수와 같습니다. 비슷한 방식으로 첫 번째 열도 첫 번째 단어의 글자의 수로 채울 수 있습니다.

		S	A	T	U	R	D	A	Y
	0	1	2	3	4	5	6	7	8
S	1								
U	2								
N	3								
D	4								
A	5								
Y	6								

그림 5-3. 첫 번째 행과 첫 번째 열 채우기

나머지 셀은 다음 로직으로 채울 수 있습니다. 여기서 EditD가 앞에서 본 표에 해당하는 배열, 즉 최소 교정 비용을 저장하는 배열입니다.

```
IF(str1[i - 1] == str2[j - 1])
  EditD[i][j] = EditD[i - 1][j - 1]
ELSE
  EditD[i][j] = 1 + MINIMUM(EditD[i - 1][j - 1],
                            EditD[i - 1][j],
                            EditD[i][j - 1])
```

이 로직을 풀어 쓰면 다음과 같습니다.

1. 두 글자가 같으면 교정 비용의 차이가 없으므로 대각선 방향 왼쪽 위 셀의 값을 가지고 옵니다. 예를 들어 'SUND', 'SATURD'의 교정 비용과 'SUN', 'SATUR'의 최소 교정 비용은 같습니다.

2. 두 글자가 다르면 위쪽 셀, 왼쪽 셀, 왼쪽 위 셀의 값의 최솟값을 가져와 1을 더합니다. 각 셀에 해당하는 문자열에 치환, 삽입, 삭제 연산을 통해서 도달한 결과입니다. 'SUND'와 'SATUR'의 예를 들어봅시다.

2-1. str1에 삭제 연산을 수행하면 'SUN', 'SATUR'의 최소 교정 비용과 같은 값이 됩니다.

2-2. str1에 삽입 연산을 수행하면 'SUNDR', 'SATUR'이 되어 'SUND', 'SATU'의 최소 교정 비용과 같은 값이 됩니다.

2-3. 양쪽 단어에 치환 연산을 수행하면 'SUN', 'SATU'의 최소 교정 비용과 같은 값이 됩니다.

이 로직을 구현한 게 다음 코드입니다.

코드 5-2. 다이내믹 프로그래밍으로 최소 교정 비용을 구하는 함수

```
int editDistance(char* str1, char* str2, int m, int n)
{
  int EditD[m + 1][n + 1];

  for(int j = 0; j <= n; j++) // 제일 위 행
    EditD[0][j] = j;

  for(int i = 0; i <= m; i++) // 제일 왼쪽 열
    EditD[i][0] = i;

  for(int i = 1; i <= m; i++)
  {
    for(int j = 1; j <= n; j++)
    {
      // 두 글자가 같다면
      if(str1[i - 1] == str2[j - 1])
        EditD[i][j] = EditD[i - 1][j - 1];
      // 두 글자가 다르다면
      else
        EditD[i][j] = getMinimum(EditD[i][j - 1],
                                 EditD[i - 1][j],
                                 EditD[i - 1][j - 1]) + 1;
    }
  }
  return EditD[m][n];
}
```

이 로직을 따라 다음과 같이 행렬이 채워집니다.

		S	A	T	U	R	D	A	Y
	0	1	2	3	4	5	6	7	8
S	1	0	1	2	3	4	5	6	7
U	2	1	1	2	2	3	4	5	6
N	3	2	2	2	3	3	4	5	6
D	4	3	3	3	3	3	3	4	5
A	5	4	3	4	4	4	4	3	4
Y	6	5	4	4	5	5	5	4	3

그림 5-4. 완성된 최소 교정 비용 행렬

이 코드의 시간 복잡도는 $O(n^2)$이며 $O(n^2)$만큼의 추가 메모리가 필요합니다. 이는 [코드 5-1]과 비교했을 때 엄청나게 개선된 결과입니다. 예를 들어 n이 100일 때 3^n은 5.1537752e+47이지만 n^2은 10000밖에 되지 않습니다.

5.2 직사각형에서 총 경로 수 구하기

M×N개의 방으로 구성된 직사각형이 있을 때 좌상단 방에서 우하단 방까지 이동하는 모든 경로의 수를 구해봅시다. 단 방과 방 사이의 이동은 오른쪽 방향과 아래쪽 방향으로만 가능합니다. 예를 들어 2×2 구조의 직사각형이라면 다음 그림처럼 두 가지 경로만 가능합니다.

그림 5-5. 2×2 구조의 직사각형에서 이동 가능한 모든 경로

3×4 구조의 직사각형일 때 시작 인덱스의 값을 0으로 하여 좌상단 방 (0, 0)에서 우하단 방 (2, 3)으로 이동하는 가능한 경로는 모두 10개이며 다음 그림은 그중 두 경로의 예를 보여줍니다.[1]

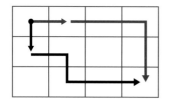

그림 5-6. 3×4 구조의 직사각형에서 이동할 수 있는 경로 중 두 가지 예

재귀 호출을 사용하는 풀이와 설명

이 문제는 4.1절의 행렬 내 최소 이동 비용 구하기 예제와 매우 비슷하며, 문제를 푸는 접근 방법도 유사합니다.

방 (m, n)은 다른 두 방에서 접근 가능합니다.

1. **바로 위쪽 방**: 방 (m−1, n)

2. **바로 왼쪽 방**: 방 (m, n − 1)

방 (m−1, n)까지의 경로가 P1개이고 방 (m, n−1)까지의 경로가 P2개라면 방 (m, n)까지는 방 (m−1, n)과 방 (m, n−1)을 경유하는 P1 + P2개의 경로로 도달할 수 있습니다. 이를 사용해 재귀 호출 로직을 정의합니다.

종료 조건은 위쪽 경계나 왼쪽 경계에 도달했을 때입니다. 첫 번째 행의 어떤 방이건 그 방까지의 경로는 오른쪽으로 쭉 이동하는 한 가지뿐이며, 첫 번째 열의 어떤 방이건 그 방까지의 경로는 아래쪽으로 쭉 이동하는 한 가지뿐입니다. 방 (0, 0)에 도달하는 방법의 수는 그곳이 곧 목적지이므로 0입니다.

---

1 옮긴이_ 첫 번째 인덱스가 0입니다. 즉 3×4 구조의 직사각형이라면 우하단 방은 방 (2, 3)이 됩니다.

다음은 이 재귀 로직을 구현한 코드입니다.

코드 5-3. 재귀 호출을 사용해 총 경로 수를 구하는 함수

```
int numOfPaths(int m, int n)
{
  // 종료 조건
  if(m == 0 && n == 0)  // 방 (0, 0)
    return 0;
  if(m == 0 || n == 0)  // 첫 번째 행 또는 첫 번째 열
    return 1;

  // 재귀 호출
  return numOfPaths(m - 1, n) + numOfPaths(m, n - 1);
}
```

이 코드의 시간 복잡도는 지수 시간($O(2^n)$)입니다. 이 문제는 최적의 하위 구조와 하위 문제의 반복 계산이라는 다이내믹 프로그래밍에 적합한 문제의 특징을 명확하게 보여줍니다. 다이내믹 프로그래밍으로 이 문제를 푸는 방법도 4.1절의 행렬 내 최소 이동 비용 구하기 예제와 유사합니다.

다이내믹 프로그래밍을 사용하는 풀이와 설명

2차원 배열 arr[][]을 캐시로 사용합니다. 우선 재귀 호출의 종료 조건으로 설명한 바대로 첫 행과 첫 열을 채웁니다.

0	1	1	1
1			
1			

이제 나머지 셀을 채워봅시다.

```
arr[i][j] = arr[i - 1][j] + arr[i][j - 1]
```

최종적으로 채운 배열은 다음과 같습니다.

0	1	1	1
1	2	3	4
1	3	6	10

배열의 각 셀 (i, j)의 값은 좌상단 방 (0, 0)에서 방 (i, j)까지 이동하는 가능한 경로의 수입니다.

코드 5-4. 다이내믹 프로그래밍으로 총 경로 수를 구하는 함수

```
int numOfPaths(int m, int n)
{
  int cache[m][n];

  for(int i = 1; i < m; i++)  // 첫 번째 열
    cache[i][0] = 1;

  for(int j = 1; j < n; j++)  // 첫 번째 행
    cache[0][j] = 1;

  // 나머지 셀을 채웁니다.
  for(int i = 1; i < m; i++)
    for(int j = 1; j < n; j++)
      cache[i][j] = cache[i - 1][j] + cache[i][j - 1];

  return cache[m - 1][n - 1];
}
```

이 코드의 시간 복잡도는 다항식 시간$^{polynomial\ time}$($O(n^2)$)입니다. 다이내믹 프로그래밍으로 시간 복잡도를 지수 시간에서 다항식 시간 수준으로 줄였습니다.

수평 방향과 수직 방향의 도로가 2차원 격자를 이루고 있습니다. 다음 그림처럼 이 격자 모양의 도로에 좌표축을 그릴 수 있습니다. 숫자는 km 단위의 거리입니다.

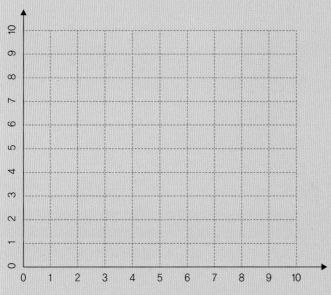

그림 5-7. 서로 교차하는 도로를 직교 좌표로 나타낸 모습

현재 위치는 (0, 0)이며 (x, y) 지점으로 이동하고자 한다고 합시다. 이동은 위쪽과 오른쪽 방향으로만 가능합니다. 이런 상황에서 목적지 x와 y의 값을 인수로 받아 선택할 수 있는 모든 경로의 수를 구하는 함수를 작성해봅시다.

[연습문제 5-1]에서 도로가 몇 군데 파손되었습니다. 파손된 도로는 차단되어 해당 위치는 통과할 수 없습니다. 예를 들어 다음 그림과 같이 도로가 파손되었다면 (2, 1)과 (3, 1)을 잇는 도로는 사용할 수 없습니다. 그림의 X표가 차단된 도로를 뜻합니다.

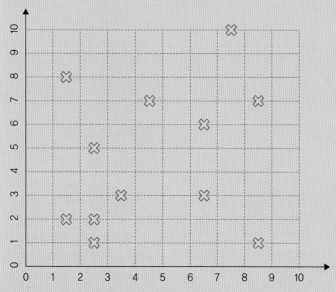

그림 5-8. 일부 도로가 파손된 예

[연습문제 5-1]과 마찬가지로 위쪽과 오른쪽 방향으로만 이동할 수 있습니다. 통행 차단 정보가 점들의 배열 형태로 주어질 때, 차단된 도로를 사용하지 않고 출발점 (0, 0)에서 특정 지점 (x, y)로 이동할 수 있는 모든 경로의 수를 구하는 함수를 작성해봅시다.

이번 절 예제에서 아래쪽과 오른쪽 방향뿐 아니라 우하단 방향의 대각선으로도 이동이 가능하다면 재귀 호출을 사용한 풀이법과 다이내믹 프로그래밍을 사용한 풀이법에서의 로직은 어떻게 변경되어야 할까요?

또한, [연습문제 5-1]과 [연습문제 5-2]에도 대각선 방향의 이동이 가능한 경우의 조건을 추가해봅시다.

체스에서 나이트는 장기의 마(馬)와 비슷하게 이동합니다. 한 번에 수평 방향으로 두 칸, 수직 방향으로 한 칸 이동하거나, 수평 방향으로 한 칸, 수직 방향으로 두 칸 이동 가능합니다. 반면, 킹은 한 번에 수직, 수평, 대각선 어느 방향이건 한 칸만 이동 가능합니다. 다음 그림은 나이트와 킹의 모든 이동 가능한 위치를 보여줍니다.

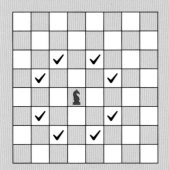 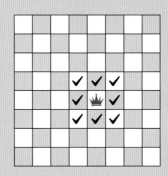

그림 5-9. 나이트(좌)와 킹(우)의 이동 가능한 모든 위치

이제 특별한 체스 말을 가정해봅시다. 나이트 출신의 킹인 이 체스 말은 한 번의 수에 킹 또는 나이트처럼 움직일 수 있습니다. 이 체스 말의 이름을 마왕(馬王)이라고 할 때 마왕의 움직일 수 있는 모든 가능한 위치는 다음 그림과 같습니다(마왕을 P로 표시). 이 위치는 킹의 이동 가능한 위치와 나이트의 이동 가능한 위치의 합집합입니다.

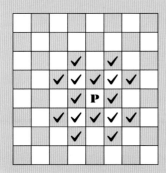

그림 5-10. 마왕의 이동 가능한 모든 위치

특정 위치에 있는 마왕을 또 다른 특정 위치로 옮기려고 할 때 필요한 최소의 수를 반환하는 함수를 작성해봅시다. 이 함수는 마왕의 출발 지점과 목적 지점을 인수로 입력받습니다.

5.3 문자열 인터리빙 확인 문제

두 문자열 A와 B가 있습니다. 이 문자열 내의 모든 글자의 상대적인 순서가 유지된 채 섞여서 새로운 문자열 C가 만들어지면 이때 문자열 C를 문자열 A와 문자열 B의 인터리빙^{interleaving}이라고 부릅니다.[2] 예를 들어 문자열 A가 'xyz', 문자열 B가 'abcd', 문자열 C가 'xabyczd'라면 문자열 C는 문자열 A와 문자열 B의 인터리빙입니다.

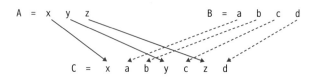

그림 5-11. C 내부에는 x-y-z의 순서와 a-b-c-d의 순서가 유지되어 섞여 있으므로 C는 A와 B의 인터리빙입니다.

세 개의 문자열 A, B, C가 주어졌을 때 세 번째 문자열(C)이 앞의 두 문자열(A, B)의 인터리빙인지를 검사하는 함수를 작성해봅시다.

재귀 호출을 사용하는 풀이와 설명

먼저 세 문자열의 길이를 확인하면, 확인해야 하는 경우의 수를 줄일 수 있습니다. C의 길이가 A와 B의 길이의 합과 같지 않다면 C는 A와 B의 인터리빙이 아닙니다. C의 길이가 A와 B의 길이의 합과 같은 경우에만 다음 과정으로 넘어갑니다.

이 문제의 풀이법은 간단합니다. 처음에 든 예를 가지고 차근차근 따져봅시다.

A = xyz, B = abcd, C = xabyczd

C의 첫 번째 글자 x는 B의 첫 번째 글자가 아니므로 A에서 가져온 것임이 분명합

---

2 옮긴이_ 사이사이에 끼운다는 뜻으로 간삽(間揷)이라고 쓰기도 하지만, 널리 사용된다고 보기 어려워 이 책에서는 음차 표기했습니다.

니다. 이제 이 문제는 '문자열 abyczd는 문자열 yz와 문자열 abcd의 인터리빙인 지를 확인'하는 것으로 줄어듭니다. 즉 문제에서 확인해야 하는 문자열은 다음과 같이 바뀝니다.

A = yz, B = abcd, C = abyczd

줄어든 문제도 원래 문제와 동일한 유형이므로 재귀 호출을 사용해 풀 수 있습니다. 물론 좀 특별한 경우도 있습니다. A, B C의 첫 글자가 모두 같은 경우와 A, B, C의 첫 글자가 모두 같지 않은 경우입니다. 후자는 인터리빙이 성립하지 않지만 전자는 두 가능성을 모두 따져봐야 합니다. 세 문자열이 다음과 같다고 합시다.

A = bcc, B = bbca, C = bbcbcac

이 경우 C의 첫 글자 b는 A에서 온 것일 수도, B에서 온 것일 수도 있습니다. 이 때는 다음 그림과 같이 양쪽 모두를 확인해봐야 합니다.

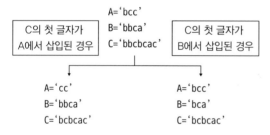

그림 5-12. A, B, C 모두 첫 글자가 같을 때는 첫 번째 글자의 출처를 A, B 모두에 대해 따져봐야 합니다.

어떤 경우든 같은 유형의 하위 문제입니다. 그러므로 최적의 하위 구조를 가지고 있는 문제이지요. 그런데 다음 그림과 같이, 이 문제 역시 하위 문제를 반복해서 계산한다는 사실을 확인할 수 있습니다.

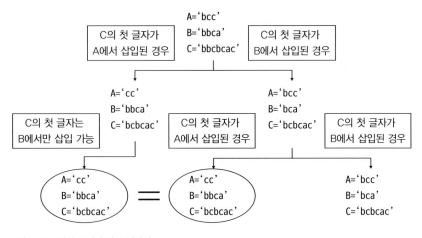

그림 5-13. 하위 문제가 반복 계산됨

원으로 표시한 하위 문제는 완전히 동일합니다. 전체 문제를 해결하는 과정에서
이 하위 문제를 두 번 계산합니다. 더 긴 문자열에 대해서 인터리빙 여부를 검사
한다면 이런 하위 문제의 반복 계산 횟수는 늘어납니다. 그러므로 이 문제는 다이
내믹 프로그래밍을 사용해 최적 풀이법을 찾아야 하는 문제입니다. 우선은 재귀
호출을 사용하는 풀이법부터 작성해봅시다.

다음은 세 개의 문자열 A, B, C를 받아서 C가 A와 B의 인터리빙이면 참을 반환
하는 재귀 함수입니다.[3]

코드 5-5. 재귀 호출을 사용해 인터리빙 여부를 확인하는 함수

```c
int isInterleaving(char* A, char* B, char* C)
{
  // 만약 모든 문자열이 빈 문자열인 경우
  if(!(*A) && !(*B) && !(*C))
    return true;

  // A와 B 문자열의 길이의 합이 C 문자열의 길이와 다를 때
  if(strlen(A) + strlen(B) != strlen(C))
```

---

3 옮긴이_ 이하 예제는 C99 표준부터 추가된 불리언 자료형(bool) 및 true와 false를 사용합니다. #include <stdbool.h>로
   헤더 파일을 추가해야 합니다.

```
    return false;

  bool caseA = false;
  bool caseB = false;

  // A의 첫 글자와 C의 첫 글자가 같은 경우
  if(*A == *C)
    caseA = isInterleaving(A + 1, B, C + 1);

  // B의 첫 글자와 C의 첫 글자가 같은 경우
  if(*B == *C)
    caseB = isInterleaving(A, B + 1, C + 1);

  // 두 경우 중 하나라도 참이면 인터리빙
  return (caseA || caseB);
}
```

이 코드는 시간 복잡도가 지수 시간($O(2^n)$)입니다. 곧이어 소개하는 다이내믹 프로그래밍으로 이 시간을 다항식 시간으로 줄일 수 있습니다.

다이내믹 프로그래밍을 사용하는 풀이와 설명

이번에는 이 문제를 상향식으로 풀어봅시다. 각 단계마다 C의 부분 문자열이 A의 부분 문자열과 B의 부분 문자열의 인터리빙인지를 확인합니다. 문자열 A의 길이를 m, 문자열 B의 길이를 n이라고 할 때 i ≤ m인 i에 대해서 문자열 A의 첫 i 글자로 이루어진 문자열 A′와 j ≤ n인 j에 대해서 문자열 B의 첫 j 글자로 이루어진 문자열 B′의 인터리빙으로 C의 첫 (i + j) 글자로 이루어진 문자열 C′를 만들 수 있는지를 검사합니다.

i와 j 두 개의 인수가 있으므로 하위 문제의 결과를 저장하는 데는 2차원 자료구조가 적당합니다(A의 각 글자는 행에, B의 각 글자는 열에 대응). 이 행렬 역시 인덱스의 시작 값은 1이 아니라 0입니다. 다음 그림은 앞에서 예로 든 것처럼 A='bcc', B='bbca', C='bbcbcac'일 때 하위 문제의 결과를 저장할 행렬입니다.

		b	b	c	a
	(0, 0)				
b			☆		
c					★
c					(3, 4)

그림 5-14. 인터리빙 여부(참일 때 T, 거짓일 때 F)를 저장하는 자료구조

이 행렬의 셀 (i, j)의 값은 C′가 A′와 B′의 인터리빙이면 참이 됩니다. 예를 들어 ☆로 표시한 셀 (1, 2)는 'b'와 'bb'를 인터리빙하여 'bbc'를 만들 수 없으므로 F(거짓)로 채워야 합니다. 반대로 ★로 표시한 셀 (2, 4)는 'bc'와 'bbca'를 인터리빙하여 'bbcbca'를 만들 수 있으므로 T(참)로 채웁니다.

첫 번째 셀 (0, 0)은 T입니다. 빈 문자열은 두 개를 인터리빙해도 빈 문자열이기 때문입니다.

		b	b	c	a
	T				
b					
c					
c					

그림 5-15. 첫 번째 셀 (0, 0)은 참입니다.

첫 번째 행은 문자열 A가 빈 문자열인 경우입니다. 이때는 B의 부분 문자열이 C의 부분 문자열과 같으면 참입니다. 로직은 다음과 같습니다. ilMatrix는 위 그림의 값을 저장하는 2차원 배열입니다.

```
IF (B[i - 1] != C[i - 1])
  ilMatrix[0][i] = FALSE
ELSE
  ilMatrix[0][i] = ilMatrix[0][i - 1]
```
비슷한 방법으로 첫 번째 열의 값도 채울 수 있습니다.

```
IF (A[j - 1] != C[j - 1])
  ilMatrix[j][0] = FALSE
ELSE
  ilMatrix[j][0] = ilMatrix[j-1][0]
```

이렇게 첫 번째 행과 첫 번째 열을 채운 결과는 다음 그림과 같습니다.

		b	b	c	a
	T	T	T	T	F
b	T				
c	F				
c	F				

그림 5-16. 첫 번째 행과 첫 번째 열을 채운 결과

이제 나머지 셀은 좌상단부터 행별로 채워나갑니다. 각 셀 (i, j)에 대응하는 문자열 A, B, C의 현재 글자는 각각 A[i - 1], B[j - 1], C[i + j - 1]입니다.[4] 각 셀에 대해서 다음의 네 가지 경우가 가능합니다.

1. C의 현재 글자가 A의 현재 글자와 B의 현재 글자 어느 쪽과도 다른 경우. 이때 셀의 값은 F(거짓)입니다.

2. C의 현재 글자가 A의 현재 글자와 같지만 B의 현재 글자와 다른 경우. 이때 셀의 값은 바로 위 셀의 값과 같습니다.

---

4 옮긴이_ A[i-1]은 A의 i번째 글자입니다.

3. C의 현재 글자가 B의 현재 글자와 같지만 A의 현재 글자와 다른 경우. 이 때 셀의 값은 바로 왼쪽 셀의 값과 같습니다.

4. A, B, C 현재 글자가 모두 같은 경우. 이때 셀의 값은 위쪽 셀의 값이나 오른쪽 셀의 값 둘 중 하나가 T(참)이면 T입니다. 그렇지 않은 경우 F입니다.

이와 같은 로직으로 다음과 같이 행렬을 완성할 수 있습니다. 이 문제의 최종 답은 가장 우하단 셀에 저장된 값입니다.

		b	b	c	a
	T	T	T	T	F
b	T	T	F	T	F
c	F	T	T	T	T
c	F	F	T	F	T

그림 5-17. 완성된 행렬

이 로직을 사용해 작성한 코드입니다.

코드 5-6. 다이내믹 프로그래밍으로 인터리빙 여부를 확인하는 함수

```
int isInterleaving(char* A, char* B, char* C)
{
    // A, B, C 세 문자열의 길이를 구합니다.
    int M = strlen(A);
    int N = strlen(B);
    int lengthC = strlen(C);

    // A와 B 문자열의 길이의 합이 C 문자열의 길이와 다를 때
    if(lengthC != M + N)
        return false;

    // 인터리빙 여부를 저장하는 2차원 배열
```

```
bool ilMatrix[M + 1][N + 1];

ilMatrix[0][0] = true;  // (0, 0)은 T

// 첫 번째 열을 채웁니다.
for(int i = 1; i <= M; i++)
{
  if(A[i - 1] != C[i - 1])
    ilMatrix[i][0] = false;
  else
    ilMatrix[i][0] = ilMatrix[i - 1][0];
}

// 첫 번째 행을 채웁니다.
for(int j = 1; j <= N; j++)
{
  if(B[j - 1] != C[j - 1])
    ilMatrix[0][j] = false;
  else
    ilMatrix[0][j] = ilMatrix[0][j - 1];
}

// 나머지 셀을 채웁니다.
for(int i = 1; i <= M; i++)
{
  for(int j = 1; j <= N; j++)
  {
    // 현재 셀의 A, B, C의 글자
    char currentA = A[i - 1];
    char currentB = B[j - 1];
    char currentC = C[i + j - 1];
    // C의 글자가 A의 글자와 같고 B의 글자와 다를 때
    if(currentA == currentC && currentB != currentC)
      ilMatrix[i][j] = ilMatrix[i - 1][j];
    // C의 글자가 B의 글자와 같고 A의 글자와 다를 때
    else if(currentA != currentC && currentB == currentC)
      ilMatrix[i][j] = ilMatrix[i][j - 1];
    // A, B, C 글자 모두가 같을 때
    else if(currentA == currentC && currentB == currentC)
      ilMatrix[i][j] = ilMatrix[i - 1][j] || ilMatrix[i][j - 1];
    // C의 글자가 A, B 두 글자 어느 쪽과도 다를 때
    else
```

```
            ilMatrix[i][j] = false;
        }
    }
  return ilMatrix[M][N];
  }
```

이 코드의 시간 복잡도는 $O(n^2)$로 재귀 호출을 사용할 때(지수 시간)에 비해서 크게 개선되었습니다.

연습문제 5-5

두 개의 문자열이 있을 때 이 두 문자열을 인터리빙하여 만들 수 있는 모든 문자열을 출력하는 함수를 작성해봅시다. 입력 문자열과 출력 문자열의 예시는 다음과 같습니다.

- **입력 문자열**: 'AB', 'XY'
- **출력 문자열**: 'ABXY', 'AXBY', 'AXYB', 'XABY', 'XAYB', 'XYAB'

연습문제 5-6

이번 절 예제에서 문자열 A에 포함된 모든 글자와 문자열 B에 포함된 모든 글자가 겹치지 않는다면 과연 2차원 행렬이 필요할까요? 이와 같은 특별한 경우를 시간 복잡도 $O(m+n)$, 추가 메모리 $O(1)$로 푸는 알고리즘을 작성해봅시다(m과 n은 각각 문자열 A와 B의 길이).

5.4 부분집합의 합 구하기

0과 양의 정수로 이루어진 집합이 있고 또 다른 양의 정수 X가 있습니다. 주어진 집합의 부분집합 중에 원소의 합이 X인 부분집합이 존재하는지 검사하는 함수를 작성해봅시다.

예를 들어 주어진 집합이 {3, 2, 7, 1}이고 X가 6인 경우, 한 부분집합 {3, 2, 1}의 원소의 합이 6이므로 이 함수는 참을 반환해야 합니다.

재귀 호출을 사용하는 풀이와 설명

합이 X가 되는 부분집합을 찾을 때 집합의 각 원소에 대해서 두 가지 가능성이 있습니다. 집합 내의 어떤 원소 P에 대해 다음 두 가지 경우를 살펴보죠.

- 부분집합에 이 원소를 포함한다면 집합의 나머지에서 합이 X−P가 되는 부분집합을 찾아야 합니다.

- 부분집합에 이 원소를 포함하지 않는다면 집합의 나머지에서 합이 X가 되는 부분집합을 찾아야 합니다.

어느 경우든 간에 원래 문제와 같은 유형의 문제가 되기 때문에 재귀 호출을 사용해 해결할 수 있습니다. 재귀 호출의 종료 조건은 X가 0이 되었는지(성공) 또는 집합 내의 원소를 모두 사용했는지(실패)의 여부입니다. 한 가지 특수한 경우는 원소의 값이 X보다 큰 경우인데, 이런 원소는 재귀 호출 없이 부분집합에 포함하지 않아도 됩니다.

이러한 재귀 호출 로직을 구현한 코드입니다.

코드 5-7. 재귀 호출을 사용해 조건에 맞는 부분집합이 있는지를 검사하는 함수

```
// n은 집합의 원소의 수입니다.
bool isSubsetSum(int* arr, int n, int X)
{
  // 종료 조건 1 : X가 0이면 성공 종료 조건입니다.
  if(X == 0)
    return true;

  // 종료 조건 2 : X가 0이 아니고 남은 원소가 없다면 실패 종료 조건입니다.
  if(n == 0)
    return false;

  // X보다 큰 원소는 무시해도 좋습니다.
  if(arr[0] > X)
    return isSubsetSum(arr + 1, n - 1, X);

  // 부분집합에 원소를 포함하지 않는 경우와
  // 원소를 포함하는 경우 각각에 대해 재귀 호출합니다.
```

```
    return isSubsetSum(arr + 1, n - 1, X) ||       // 포함하지 않는 경우
        isSubsetSum(arr + 1, n - 1, X - arr[0]); // 포함하는 경우
}
```

하위 문제의 반복 계산이 이루어진다는 걸 명확하게 알 수 있습니다. 이 재귀 함
수를 실행하는 데에는 지수 시간인 $O(2^n)$이 필요합니다. 다이내믹 프로그래밍으
로 시간 복잡도를 개선할 수 있습니다.

다이내믹 프로그래밍을 사용하는 풀이와 설명

다이내믹 프로그래밍 접근법은 상향식으로 문제를 풀어나가면서 중간 결과를 2
차원 배열 subsum[i][j]에 저장합니다. 이때 subsum[i][j]는 집합의 첫 (i + 1)
개의 원소로 구성된 집합에 대해서 합이 j(0≤j≤X)인 부분집합이 있는지에 대한
참/거짓 값입니다.[5]

주어진 집합이 {3, 2, 7, 1}이고 X가 6인 경우를 예로 들어, 이 행렬을 시각화해서
살펴보겠습니다.

	0	1	2	3	4	5	6
3							
2							
7							
1							

그림 5-18. 조건에 맞는 부분집합이 있는지 여부를 저장하는 행렬

첫 번째 열은 모두 T(참)입니다. 공집합인 부분집합(즉 어떤 원소도 선택하지 않
음)의 원소의 합은 언제나 0이기 때문입니다. 첫 번째 행은 집합 {3}의 부분집합

---

5   옮긴이_ 엄밀하게 말하면 집합은 원소 간에 순서가 없지만 이 문제의 풀이에서는 순서를 정해도 무관하므로 순서를 고정하고 설
    명합니다.

의 합을 따져보기 때문에 X가 0 또는 3일 때만 T이며 나머지 경우는 F(거짓)입니다. 물론 3을 두 번 사용할 수 있다면 6인 경우도 T가 되겠지만, 부분집합의 정의상 한 원소를 두 번 사용할 수는 없습니다.

	0	1	2	3	4	5	6
3	T	F	F	T	F	F	F
2	T						
7	T						
1	T						

그림 5-19. 첫 번째 열과 첫 번째 행을 채운 결과

이제 나머지 셀을 (1, 1)부터 행별로 순서대로 채워나갑니다. 채워나가는 과정에서 각 행에 해당되는 값을 v라고 한다면(예를 들어 두 번째 행은 v=2, 세 번째 행은 v=7), 처음 v칸만큼은 바로 위쪽 행의 값을 복사합니다. v의 값이 이들 셀의 값에 영향을 주지 못하기 때문입니다.

	0	1	2	3	4	5	6
3	T	F	F	T	F	F	F
2	T	F					
7	T						
1	T						

그림 5-20. v = 2일 때 첫 두 칸은 위쪽 행의 값을 복사합니다.

나머지 셀은 위쪽 행의 값을 사용해 다음의 조건으로 채웁니다.

- 바로 위쪽 셀, 즉 셀 (i − 1, j)가 T면 셀 (i, j)도 T입니다. 부분집합에 v를

포함하지 않고도 T가 되기 때문입니다. 예를 들어 (0, 3)이 T이므로 (1, 3) 역시 T입니다.

- 그 밖의 경우 (i − 1, j − v) 셀의 값을 (i, j)로 복사합니다. 다음 그림에서 화살표 방향으로 값이 옮겨진 것이 이 경우에 해당합니다.

	0	1	2	3	4	5	6
3	T	F	F	T	F	F	F
2	T	F	T	T	F	T	F
7	T						
1	T						

그림 5-21. 두 번째 행을 채운 결과

세 번째 행(v=7)은 특수한 경우에 속합니다. 합 6을 만드는 데 7은 아무 소용이 없으므로 바로 위 행을 그대로 복사해서 만들면 됩니다. 이와 같은 과정으로 모든 셀을 다 채우고 나면 다음 그림과 같이 행렬이 완성됩니다.

	0	1	2	3	4	5	6
3	T	F	F	T	F	F	F
2	T	F	T	T	F	T	F
7	T	F	T	T	F	T	F
1	T	T	T	T	T	T	T

그림 5-22. 완성된 행렬

이 문제의 최종 답은 가장 우하단 셀의 값입니다. 이상의 로직을 구현하면 다음 코드와 같습니다.

```
// n은 집합의 원소의 수입니다.
bool isSubsetSum(int* arr, int n, int X)
{
  // 합이 X인 부분집합이 존재하는지의 결과를 저장해둘 2차원 배열
  // subsum[i][j]는 arr{0...i - 1}의 부분집합 중에 합이 j인
  // 부분집합이 있으면 true입니다.
  int subsum[n][X + 1];

  for(int i = 0; i < n; i++)
  {
    for(int j = 0; j <= X; j++)
    {
      subsum[i][j] = false;
    }
  }

  // 첫 번째 열은 항상 참
  for(int i = 0; i < n; i++)
    subsum[i][0] = true;

  // 첫 번째 행은 j가 0 또는 arr[0]인 경우만 참
  for(int j = 1; j <= X; j++)
    if(arr[0] == j)
      subsum[0][j] = true;
    else
      subsum[0][j] = false;

  // 나머지 셀을 채웁니다.
  for(int i = 1; i < n; i++)
  {
    int v = arr[i];
    for(int j = 1; j <= X; j++)
    {
      if(j < v)
        subsum[i][j] = subsum[i - 1][j];
      else if(subsum[i - 1][j])
        subsum[i][j] = true;
      else
        subsum[i][j] = subsum[i - 1][j - v];
    }
  }
```

```
    }

    return subsum[n - 1][X];
}
```

이 코드의 시간 복잡도는 얼핏 보면 $O(n^2)$ 같지만 X는 상수이며 입력 집합의 길이와 무관한 값이므로 $O(n)$의 시간 복잡도를 갖습니다.

연습문제 5-7

숫자로 이루어진 집합과 숫자 X가 주어졌을 때 집합의 원소 중 합이 X가 되는 숫자 쌍(두 개의 원소)을 모두 찾는 함수를 작성해봅시다. 단, 시간 복잡도는 $O(n \log n)$ 이내여야 하고, 추가로 사용하는 메모리도 상수 크기($O(1)$)여야 합니다.

이 문제를 해결하는 데 다이내믹 프로그래밍이 필요한가요, 아닌가요?

연습문제 5-8

이번 절 예제는 참 또는 거짓의 결과만 반환할 뿐, 합쳐서 X가 되는 부분집합은 출력하지 않습니다. 예를 들어 주어진 집합이 {3, 2, 7, 1}이고 X가 6일 때 참의 값을 반환하지만 이때의 부분집합인 {3, 2, 1}은 출력하지 않습니다.

결과가 참인 경우 부분집합을 출력하고 참을 반환하도록 함수를 수정해봅시다. 결과가 거짓인 경우는 출력 없이 거짓만 반환하면 됩니다.

5.5 최장 공통 부분 수열 길이 구하기

문자열 X의 부분 수열^{subsequence}은 문자열 내에서 왼쪽에서 오른쪽 방향으로 문자열 내에 들어 있는 글자의 수열입니다. 단, 반드시 연속적인 글자들로 구성될 필요는 없습니다. 예를 들어 주어진 문자열 X가 ACTTGCG라면 다음이 성립합니다.

• ACT, ATTC, ACTTCG 등은 X의 부분 수열입니다.

• TTA는 X의 부분 수열이 아닙니다.

길이가 n인 문자열의 부분 수열의 개수는 2^n개입니다.[6] 부분 수열에는 빈 수열과 원래의 문자열도 포함됩니다.

두 문자열 X와 Y가 주어졌을 때 X의 부분 수열이기도 하고 Y의 부분 수열이기도 한 문자열을 X와 Y의 **공통 부분 수열**common subsequence이라고 하고, 공통 부분 수열 중 가장 긴 부분 수열을 **최장 공통 부분 수열**longest common subsequence(LCS)이라고 합니다. 예를 들어 두 문자열 X와 Y가 다음과 같다고 합시다.

```
X = AAACCGTGAGTTATTCGTTCTAGAA
Y = CACCCCTAAGGTACCTTTGGTTC
```

이때 X와 Y의 최장 공통 부분 수열은 둘의 공통 부분 수열 중 가장 긴 ACCTAGTATTGTTC입니다.

```
X = AAACCGTGAGTTATTCGTTCTAGAA
Y = CACCCCTAAGGTACCTTTGGTTC
```

두 문자열이 주어졌을 때 두 문자열의 최장 공통 부분 수열의 글자 수[7]를 반환하는 함수를 작성해봅시다. 방금 예시로 든 문자열에 대해 이 함수는 ACCTAGTATTGTTC의 길이, 즉 14를 반환해야 합니다. 두 문자열이 ABCD와 AEBD라면 두 문자열의 LCS는 ABD이므로 3을 반환해야 합니다.

재귀 호출을 사용하는 풀이와 설명

이 문제도 최적의 하위 구조를 가지고 있으며 같은 유형의 작은 문제로 큰 문제를 정의할 수 있습니다. 재귀 호출을 사용하는 로직을 찾아봅시다.

두 문자열의 가장 마지막 글자를 비교하며 시작합니다. 마지막 글자를 비교할 때

---

6 어떤 문자열에서 부분 수열을 만들 때 각 글자별로 취할 수 있는 선택은 각 글자를 넣거나 빼는 두 가지이므로 부분 수열을 만드는 경우의 수는 2의 글자 길이 제곱이 됩니다. 단 중복을 고려하지 않은 경우입니다.

7 옮긴이_ 이하 최장 공통 부분 수열을 LCS로, 최장 공통 부분 수열의 길이를 LCS_LENGTH로 줄여 쓰겠습니다.

다음 두 가지 경우가 있습니다. 두 문자열 A, B의 길이를 각각 m과 n이라고 하겠습니다.

1. **두 글자가 같은 경우**: 이 경우 이 글자가 두 문자열의 LCS의 마지막 글자가 됩니다. 즉 LCS에 들어가는 글자 하나를 찾아냈다는 뜻입니다. 결과에 1을 더하고 양쪽 문자열에서 이 글자를 삭제한 문자열로 함수를 재귀 호출합니다.

```
LCS_LENGTH('ABCD', 'AEBD') = 1 + LCS_LENGTH('ABC', 'AEB')
```

2. **두 글자가 다른 경우**: 이 경우는 다음 두 LCS의 길이를 구해서 이 중 큰 값을 반환합니다.

   2-1. 문자열 A의 마지막 글자를 제외한 문자열(길이 m−1)과 문자열 B(길이 n)의 LCS

   2-2. 문자열 A(길이 m)와 문자열 B의 마지막 글자를 제외한 문자열(길이 n−1)의 LCS

```
LCS_LENGTH('ABCDE', 'AEBDF') = MAX(LCS_LENGTH('ABCDE', 'AEBD'),
                                   LCS_LENGTH('ABCD', 'AEBDF'))
```

구체적인 예를 들어봅시다. X='ABCDEF', Y='APQBRF'라고 합시다. X와 Y 두 문자열의 마지막 글자가 같으므로 이때 LCS_LENGTH는 다음과 같습니다.

```
LCS_LENGTH('ABCDEF', 'APQBRF') = 1 + LCS_LENGTH('ABCDE', 'APQBR')
```

다음 단계('ABCDE', 'APQBR')에서 마지막 글자가 다르므로 이때 LCS_LENGTH는 다음과 같이 구할 수 있습니다.

```
LCS_LENGTH('ABCDE', 'APQBR') = MAX(LCS_LENGTH('ABCDE', 'APQB'),
                                   LCS_LENGTH('ABCD', 'APQBR'))
```

이와 같은 과정을 반복해서 LCS_LENGTH를 구할 수 있습니다. 이제 이 로직을
C 언어로 바꿔봅시다. 종료 조건은 두 문자열 중 하나가 빈 문자열일 때이며, 이
때의 LCS_LENGTH는 0입니다.

코드 5-9. 재귀 호출을 사용해 LCS_LENGTH를 구하는 함수

```c
// 두 수 중 큰 값을 반환하는 도우미 함수
int getMax(int a, int b)
{
  return a > b? a: b;
}

int lcs_length(char* X, char* Y, int m, int n)
{
  // 종료 조건은 두 문자열 중 하나가 빈 문자열일 때이며,
  // 이때의 LCS_LENGTH는 0입니다.
  if(m == 0 || n == 0)
    return 0;

  // 문자열의 마지막 글자를 비교해 조건에 따라 재귀 호출합니다.
  if(X[m - 1] == Y[n - 1])
    return 1 + lcs_length(X, Y, m - 1, n - 1);
  else
    return getMax(lcs_length(X, Y, m, n - 1),
                  lcs_length(X, Y, m - 1, n));
}
```

이 코드의 시간 복잡도는 지수 시간입니다. 최악의 경우는 두 문자열에 겹치는
글자가 없을 때로, 모든 경우마다 두 개씩의 분기로 나뉘어 재귀 호출이 발생합
니다.

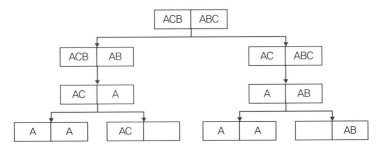

그림 5-23. 'ACB'와 'ABC'로 LCS_LENGTH를 구할 때의 재귀 호출 구조

그림을 보면 같은 하위 문제의 반복 계산을 확인할 수 있습니다. 즉 LCS_ LENGTH를 구하는 문제는 최적의 하위 구조와 하위 문제의 반복 계산 특성이 있다는 뜻이죠. 다이내믹 프로그래밍을 적용하기에 알맞은 문제입니다. 그러면 먼저 메모 전략을 사용하는 방법을 살펴본 후 다이내믹 프로그래밍 풀이법을 살펴봅시다.

메모 전략을 사용한 풀이와 설명

하위 문제의 반복 계산을 피하려면 메모 전략이나 다이내믹 프로그래밍을 사용할 수 있습니다. 메모 전략을 위한 캐시로는 모든 값이 −1로 초기화된 2차원 배열을 사용합니다. 캐시의 인덱스에서 0은 빈 문자열을 의미하기 때문에(LCS_ LENGTH가 0) 캐시로 사용할 2차원 배열의 크기는 $(m + 1) \times (n + 1)$이 된다는 점에 주의합시다.

문자열 X의 첫 i 글자와 문자열 Y의 첫 j 글자의 LCS_LENGTH를 처음 계산할 때 이 값을 `LCSLTable[i][j]`에 저장합니다. 재귀 호출 과정을 이어나가다 다시 i와 j 값으로 재귀 함수가 호출되면 LCS_LENGTH를 다시 계산하지 않고 캐시에 저장된 `LCSLTable[i][j]`의 값을 반환합니다.

다음 코드는 메모 전략을 적용한 코드입니다.[8] 여기서 캐시는 전역 변수로 정의했고,[9] 재귀 함수를 처음 호출하기 전 딱 한 번 `LCSLTable` 배열의 모든 셀을 −1로 초기화하기 위해 initAndLCSLength() 함수를 사용했습니다.

코드 5-10. 메모 전략을 사용해 LCS_LENGTH를 구하는 함수

```
// 캐시 배열 크기를 충분히 큰 값으로 잡습니다.
#define M_MAX 30
#define N_MAX 30

// LCSL_Length를 저장할 캐시
int LCSLTable[M_MAX][N_MAX];

// 두 수 중 큰 값을 반환하는 도우미 함수
int getMax(int a, int b)
{
  return a > b? a: b;
}

int lcs_length(char* X, char* Y, int m, int n)
{
  // 종료 조건은 두 문자열 중 하나가 빈 문자열일 때이며,
  // 이때의 LCS_LENGTH는 0입니다.
  if(m == 0 || n == 0)
    return 0;

  // 이미 캐시에 계산된 값이 있다면 (즉 -1이 아니라면)
  // 캐시의 값을 반환합니다.
  if(LCSLTable[m][n] != -1)
    return LCSLTable[m][n];

  // 문자열의 마지막 글자를 비교에 조건에 따라 재귀 호출합니다.
  if(X[m - 1] == Y[n - 1])
    LCSLTable[m][n] = 1 + lcs_length(X, Y, m - 1, n - 1);
  else
    LCSLTable[m][n] = getMax(lcs_length(X, Y, m, n - 1),
                             lcs_length(X, Y, m - 1, n));
  return LCSLTable[m][n];
}
```

---

8 옮긴이_ 지금까지 본 메모 전략 코드는 본문 예제에 맞춰 특정 크기로 캐시 배열을 선언했는데, 크기가 다른 입력을 테스트하려
면 배열 크기도 바꿔야 하는 불편함이 있습니다. 다양한 입력에 대해 테스트를 쉽게 하려면, 이번 코드처럼 적당히 큰 값으로 캐
시 배열을 선언하는 방법을 씁니다.

9 거듭 말하지만 전역 변수의 사용이 좋은 습관은 아닙니다. 그렇지만 메모 전략을 사용하는 재귀 호출에서 메모를 저장하는 변수
는 전역 변수로 선언하는 것이 제일 깔끔하고 편리합니다.

```
// 재귀 함수를 처음 호출하기 전 LCSLTable을 초기화해야 합니다.
int initAndLCSLength(char *X, char *Y, int m, int n)
{
  for(int i = 0; i <= m; i++)
    for(int j = 0; j <= m; j++)
      LCSLTable[i][j] = -1;

  return lcs_length(X, Y, m, n);
}
```

이제 시간 복잡도는 지수 시간에서 다항식 시간으로 줄었습니다. 하지만 이 코드는 여전히 재귀 호출을 사용합니다. 다음은 재귀 호출 없이 상향식으로 해결하는 다이내믹 프로그래밍 풀이법을 설명할 차례입니다. 상향식 다이내믹 프로그래밍을 적용하면 시간 복잡도는 $O(mn)$이 되며, 양쪽 문자열의 길이가 똑같으면 $O(n^2)$이 됩니다.

다이내믹 프로그래밍을 사용하는 풀이와 설명

메모 전략에서 캐시로 사용했던 LCSLTable 배열을 재귀 호출 없이 상향식으로 채워나가겠습니다. 비슷한 다른 문제와 마찬가지로 2차원 행렬을 가정하고 문자열 하나는 행에, 문자열 하나는 열에 배치합니다. 아래 그림은 LCSLTable에 'ABCD'와 'AEBD'를 배치한 모습입니다.

	Φ	A	E	B	D
Φ	0	0	0	0	0
A	0				
B	0				
C	0				
D	0				

그림 5-24. 행렬의 초기 모습

첫 번째 행은 첫 번째 문자열(X)이 빈 문자열인 경우이며, 첫 번째 열은 두 번째 문자열(Y)이 빈 문자열인 경우를 나타냅니다. 이 경우 LCS도 빈 문자열이므로 LCS_LENGTH의 값도 0입니다.

이제 이 행렬을 다음 로직에 따라 채워나갑니다.

```
// 추가된 글자가 같은 글자면 LCS에 이 글자를 추가할 수 있습니다.
IF(X[i - 1] == Y[j - 1])
  LCSLTable[i][j] = LCSLTable[i - 1][j - 1] + 1
// 추가된 글자가 다른 글자면 LCS는 변하지 않으므로
// 위쪽 칸이나 왼쪽 칸의 값 중 큰 값이 유지됩니다.
ELSE
  LCSLTable[i][j] = MAX(LCSLTable[i - 1]j], LCSLTable[i][j - 1])
```

행렬을 모두 채우면 다음 그림과 같은 값을 가지며, 이 중 가장 우하단 셀의 값이 구하고자 하는 값입니다.

	Φ	A	E	B	D
Φ	0	0	0	0	0
A	0	1	1	1	1
B	0	1	1	2	2
C	0	1	1	2	2
D	0	1	1	2	3

그림 5-25. 완성된 LCSLTable 행렬

다음 코드는 위 행렬 채우기 로직을 코드로 옮긴 것입니다. 이번에는 전역 캐시가 필요 없으므로 두 문자열의 길이(각각 m과 n)를 받아 그 크기만큼의 배열을 만들어 사용합니다. 사실 문자열의 길이를 계산해주는 라이브러리가 있으므로, 재귀 호출을 사용하지 않을 때는 굳이 m과 n의 값을 인수로 받지 않아도 되긴 합니다.

앞에서 언급한 대로 이 코드의 시간 복잡도는 $O(mn)$으로 꽤 개선되었습니다.

코드 5-11. 다이내믹 프로그래밍을 사용해 LCS_LENGTH를 구하는 함수

```c
// 두 수 중 큰 값을 반환하는 도우미 함수
int getMax(int a, int b)
{
  return a > b? a: b;
}

int lcs_length(char* X, char* Y, int m, int n)
{
  int LCSLTable[m + 1][n + 1];

  // int LCSLTable[m + 1][n + 1] = {0}과 같이
  // 배열을 선언할 때 0으로 초기화하면 굳이 첫 열과 첫 행의 값을
  // 0으로 만드는 코드를 추가하지 않아도 됩니다.
  // 여기서는 설명을 위해서 이 과정을 진행합니다.

  // 첫 번째 열을 0으로 채웁니다.
  for(int i = 0; i <= m; i++)
    LCSLTable[i][0] = 0;

  // 첫 번째 행을 0으로 채웁니다.
  for(int j = 0; j <= n; j++)
    LCSLTable[0][j] = 0;

  // 배열의 나머지 셀을 채웁니다.
  for(int i = 1; i <= m; i++)
  {
    for(int j = 1; j <= n; j++)
    {
      if(X[i - 1] == Y[j - 1])
        LCSLTable[i][j] = LCSLTable[i - 1][j - 1] + 1;
      else
        LCSLTable[i][j] = getMax(LCSLTable[i - 1][j], LCSLTable[i][j - 1]);
    }
  }
  return LCSLTable[m][n];
}
```

5.6 최장 공통 부분 수열 출력하기

앞 절의 최장 공통 부분 수열 예제를 확장한 예제를 하나 더 살펴보겠습니다.

앞 절의 풀이법을 확장해 LCS를 출력하도록 수정해봅시다. 예를 들어 X= 'ABCD', Y='AEBD'일 때 함수가 'ABD'를 출력해야 합니다.

앞의 [코드 5-11]에서 `LCSLTable` 행렬을 채워나가는 동안 각 셀이 어떤 셀의 값을 사용해 채워졌는지를 생각해봅시다. 행렬의 모든 셀은 다음 셋 중 하나의 값으로 채워집니다.

1. 왼쪽 셀과 같은 값

2. 위쪽 셀과 같은 값

3. 왼쪽 위 셀의 값 + 1

1번과 2번의 경우는 LCS의 변화가 없이 X가 한 글자 적은 경우나 Y가 한 글자 적은 경우의 LCS 중 더 긴 LCS가 그대로 유지됨을 알 수 있습니다. 대각선 방향의 값을 사용하는 3번의 경우는 LCS에 한 글자가 추가되었음을 알 수 있습니다.

	Φ	A	E	B	D
Φ	0	0	0	0	0
A	0	1	1	1	1
B	0	1	1	2	2
C	0	1	1	2	2
D	0	1	1	2	3

그림 5-26. 화살표 방향으로 값이 증가할 때 LCS가 한 글자씩 추가됩니다.

행렬에 대응하는 배열을 완성하고 난 후에는 다음 그림에 표시한 방향으로 우하단 셀에서 시작해 좌상단 행까지 경로를 따라 이동해가면서 3번의 경우에 해당되는 글자를 하나씩 LCS의 제일 앞에 삽입해나갑니다. 이 과정을 통해 얻을 수 있는 LCS는 'ABD'입니다.

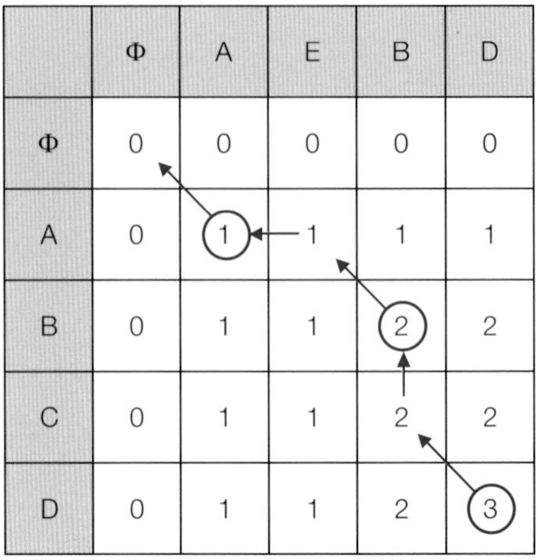

	Φ	A	E	B	D
Φ	0	0	0	0	0
A	0	①← 1	1	1	1
B	0	1	1	②	2
C	0	1	1	2	2
D	0	1	1	2	③

그림 5-27. 역방향으로 이동하면서 LCS의 글자를 역순으로 찾습니다.

다음은 LCS를 출력하는 코드입니다. 앞에서 본 `lcs_length` 함수에 LCS를 찾는 부분만 추가했습니다. 전체 코드는 깃허브를 참조합시다.

코드 5-12. [코드 5-11]에 LCS를 출력하는 부분을 추가

```
int lcs_length(char* X, char* Y, int m, int n)
{
    ... // [코드 5-11]과 겹치므로 앞부분은 생략합니다.
    ... // 생략한 부분은 마지막 return 바로 앞까지입니다.

    int LCSLength = LCSTable[m][n];
    // LCS를 저장할 문자열
    char LCS[LCSLength + 1];
    LCS[LCSLength] = '\0';  // 문자열의 끝
    LCSLength--;

    // 우하단에서 시작합니다.
```

```
int i = m, j = n;

// 첫 번째 행 또는 첫 번째 열까지 거슬러 올라갑니다.
while(i > 0 && j > 0)
{
    // X와 Y의 현재의 글자가 같으면 LCS에 포함시킵니다.
    if(X[i - 1] == Y[j - 1])
    {
        LCS[LCSLength] = X[i - 1];
        i--;
        j--;
        LCSLength--;
    }
    // 같지 않다면 위쪽 또는 왼쪽 셀의 값 중 큰 값을 따라 이동합니다.
    else if(LCSTable[i - 1][j] > LCSTable[i][j - 1])
        i--;
    else
        j--;
}
// LCS 출력
printf("LCS is %s\n", LCS);

return LCSTable[m][n];
}
```

LCS_LENGTH를 계산하는 부분과 별도로 LCS를 계산하는 부분의 시간 복잡도
는 $O(n)$ 입니다. LCS를 찾으려 한 번에 한 칸씩 움직이는데 LCS는 X 또는 Y의
원래 문자열의 길이보다 길 수는 없으므로 최악의 경우에도 X와 Y 중 더 긴 문자
열의 길이만큼만 탐색합니다.

어떤 수열 a_1, a_2, ..., a_n이 있을 때 $i < j$인 모든 i와 j에 대해서 $a_i \le a_j$인 수열을 **단조증가**monotonically increasing한다고 합니다. 예를 들어 (1, 3, 5, 5, 6, 8, 10)은 단조증가하는 수열입니다.

정수로 이루어진 수열이 있다고 합시다. 앞의 문자열 예제와 비슷하게, 여기서도 부분 수열은 수열 내에서 왼쪽으로 오른쪽 방향으로 배열 내에 들어 있는 숫자의 수열로 정의합니다. 마찬가지로 부분 수열은 연속적으로 붙어 있는 숫자로 구성될 필요는 없습니다. 이때 주어진 정수 수열에서 단조증가하는 가장 긴 부분 수열의 길이를 반환하는 함수를 작성해봅시다(이를 **최장 단조증가 부분 수열**longest monotonically increasing subsequence이라고 합니다).

예를 들어 주어진 수열이 (7, 1, 5, 4, 2, 4, 9)일 때 최장 단조증가 부분 수열은 (1, 4, 4, 9) 또는 (1, 2, 4, 9)이므로 4의 값을 반환해야 합니다.

[연습문제 5-9]를 최장 단조증가 부분 수열을 출력하도록 수정해봅시다. 예로 든 수열 (7, 1, 5, 4, 2, 4, 9)를 입력하면 (1, 4, 4, 9) 또는 (1, 2, 4, 9) 둘 중 하나를 출력해야 합니다.

단조감소monotonically decreasing하는 수열은 단조증가 수열의 반대로, 어떤 수열 a_1, a_2, ..., a_n이 있을 때 $i < j$인 모든 i와 j에 대해서 $a_i \ge a_j$인 수열을 단조감소한다고 합니다.

어떤 수열이 단조증가하다가 단조감소하면 **바이토닉**bitonic하다고 합니다. 예를 들어 다음 수열은 바이토닉입니다.

- (1, 4, 6, 8, 3, −2)
- (9, 2, −4, −10, −15)
- (1, 2, 3, 4)
- (5, 3, 1)

마지막 두 수열처럼 단조증가만 하거나 단조감소만 하는 수열도 바이토닉에 해당됩니다. 하지만 다음 수열은 바이토닉이 아닙니다.

- (1, 3, 12, 4, 2, 10)

정수의 수열을 인수로 받아 수열 내에서 최장 바이토닉 부분 수열의 길이를 반환하는 함수를 작성해봅시다.

힌트: 바이토닉 수열은 순환 시프트로 단조증가 혹은 단조감소 수열로 바꿀 수 있습니다.

[연습문제 5-11]에서도 최장 바이토닉 부분 수열을 출력하도록 수정해봅시다.

5.7 거스름돈 최적화

액면가가 다른 여러 종류의 동전을 제한 없이 사용할 수 있다고 할 때 어떤 금액을 지불하는 데 사용할 수 있는 동전 개수의 최솟값을 구하는 함수를 작성해봅시다. 예를 들어 1원, 5원, 6원, 9원 네 종류의 동전을 사용해 11원을 지불할 때 최소의 동전의 수는 2개(5원 + 6원)입니다.

함수는 동전의 액면가의 종류를 저장한 정수 배열과 지불할 금액을 매개변수로 받습니다. 다음은 입력과 출력의 예입니다.

- 입력: 동전 = {1, 2, 5, 10, 20, 50}, 지불할 금액 = 65원

- 출력: 3 (50원 + 10원 + 5원)

- 입력: 동전 = {1, 2, 5, 10, 15, 50}, 지불할 금액 = 65원

- 출력: 2 (50원 + 15원)

탐욕 알고리즘을 사용할 수 있을까요?

이 문제에 탐욕 알고리즘을 적용해봅시다. 탐욕 알고리즘을 이 문제에 적용하려면 다음과 같은 방침을 따르면 됩니다.

사용 가능한 가장 큰 액면가의 동전을 사용합니다.

탐욕 알고리즘을 사용해 거스름돈을 주는 방식을 항상 적용할 수 있는 것은 아니지만, 대한민국의 현재 화폐 체계에서 발행되는 동전 또는 지폐라면 적용 가능합

니다.[10]

현재 대한민국에서 발행되는 동전 또는 지폐의 액면가는 1원, 5원, 10원, 50원, 100원, 500원, 1000원, 5000원, 10000원, 50000원으로 총 10종류입니다. 65원의 거스름돈을 준다고 할 때 다음과 같은 순서로 적용합니다.

- 먼저 65원을 주려고 할 때 사용 가능한 가장 큰 액면가의 동전은 50원입니다. 50원을 거슬러주고 나면 15원을 더 줘야 합니다.

- 15원을 주려고 할 때 사용 가능한 가장 큰 액면가의 동전은 10원입니다. 10원을 거슬러주고 나면 5원을 더 줘야 합니다.

- 5원을 주려고 할 때 사용 가능한 가장 큰 액면가의 동전은 5원입니다. 5원을 거슬러주고 나면 계산이 끝납니다.

즉, 이런 방식으로 50원, 10원, 5원을 순서대로 거슬러주면 될 것 같습니다. 과연 이 알고리즘대로 주면 정말 최소 숫자의 동전을 구할 수 있을지 확인해봅시다.

50원, 10원, 5원, 1원짜리 동전으로 65원을 만드는 방법은 다양합니다. 다양한 알고리즘을 통해 구한 50원, 10원, 5원, 1원 동전의 개수를 각각 C_{50}, C_{10}, C_5, C_1이라고 하고, 탐욕 알고리즘으로 구한 50원, 10원, 5원, 1원 동전의 개수를 각각 Co_{50}, Co_{10}, Co_5, Co_1이라고 합시다. 그러면 모든 경우의 C_{50}, C_{10}, C_5, C_1에 대해서 다음 공식이 성립하면 탐욕 알고리즘으로 구한 동전의 개수가 최솟값이라는 뜻이 됩니다.

$$C_{50}, C_{10}, C_5, C_1 \geq Co_{50}, Co_{10}, Co_5, Co_1$$

여기서 거스름돈을 주는 단계를 자세히 들여다봅시다.

동전의 개수를 줄이려면 더 작은 액면가의 동전으로 만든 금액이 상위 액면가 동전의 액면가보다 작아야 합니다. 즉 1원 동전으로 거슬러줄 수 있는 금액은 상위

---

10 옮긴이_ 원문은 인도 루피화로 설명했으나 번역 시점인 2019년에 맞춰 대한민국 화폐 체계로 바꿨습니다.

액면가 동전의 액면가인 5원 미만이어야 한다는 뜻입니다. 1원 동전 다섯 개는 5원 동전 하나와 같기 때문이죠. 마찬가지로 5원 동전의 개수도 2보다 작아야 합니다. 5원 동전 두 개 대신 10원 동전 하나를 사용할 수 있기 때문입니다. 따라서 $Co_{10} < 5$, $Co_5 < 2$, $Co_1 < 5$입니다.

$C_{10} \geq 5$인 경우를 생각해보면 10원짜리 동전 5개 대신 50원짜리 동전을 하나 사용해 동전의 개수를 4개 줄일 수 있습니다. 다른 액면가의 동전도 마찬가지입니다.

사용 가능한 가장 큰 액면가의 동전인 50원짜리는 어떨까요? $C_{50} < Co_{50}$라면 탐욕 알고리즘 외 다른 알고리즘이 50원의 금액을 더 작은 액면가의 동전인 10원, 5원, 또는 1원짜리로 만들었다는 의미입니다. 그런데 이는 하위 액면가의 동전으로 만든 금액은 상위 액면가 동전의 액면가인 50원 미만이어야 한다는 논리에 위배됩니다. 하위 액면가 동전으로 50원을 만드는 대신 50원짜리 동전을 하나 추가해야 하겠죠. 이 과정을 반복하면 최종적으로 $C_{50} = Co_{50}$이 될 겁니다. 결과적으로 이 과정은, 50원짜리 동전을 사용할 수 있을 때까지 사용한 다음, 그다음 액면가인 10원짜리 동전을 또 사용할 수 있을 때까지 사용하는 탐욕 알고리즘의 방식과 동일합니다. 즉 탐욕 알고리즘이 최적의 알고리즘이라는 뜻입니다.

탐욕 알고리즘은 가능한 모든 경우를 전부 검사하지 않는다는 점에서 다이내믹 프로그래밍과 통하는 바가 있습니다. 그러므로 탐욕 알고리즘을 사용해 효율적으로 풀 수 있는 종류의 문제도 있습니다. 하지만 탐욕 알고리즘을 모든 경우에 사용할 수 있는 것은 아닙니다. 이런 경우에는 다이내믹 프로그래밍으로 문제를 풀어야 할 수도 있습니다.

이 예제에서 12원짜리 동전이 있다고 가정해봅시다. 이때 65원을 탐욕 알고리즘으로 거슬러주려면 50원짜리 하나와 12원짜리 하나, 그리고 1원짜리 세 개, 총 다섯 개의 동전이 결과로 나오게 됩니다. 하지만 이는 50원, 10원, 5원 각각 하나씩 3개의 동전만 사용해서 거슬러주는 경우보다 더 많은 결과입니다. 즉 탐욕 알고리즘이 최적의 해가 아닌 경우에 해당됩니다.

재귀 호출을 사용하는 풀이와 설명

다음은 사용 가능한 동전의 종류가 N일 때 S원을 지불하는 데 필요한 동전의 최소 개수를 정의하는 재귀 호출 로직입니다. 여기서 배열 coin[i]은 사용 가능한 종류의 동전 중 하나의 액면가입니다.

```
minCoins(S) = 1 + MIN(minCoins(S - coin[0]),
                      minCoins(S - coin[1]),
                      ...
                      minCoins(S - coin[N - 1])
                      )
```

종료 조건은 S가 0인 경우이며, 이때는 동전이 필요하지 않으므로 0을 반환하면 됩니다. 앞의 재귀 호출 로직은 모든 가능한 경우를 찾아서 그중 최솟값을 반환합니다. 다음은 이 재귀 로직을 C 언어로 구현한 코드입니다.

코드 5-13. 재귀 호출을 사용해 거스름돈 동전의 최소 개수를 구하는 함수

```c
int minCoins(int *coin, int N, int S)
{
  // 종료 조건
  if(S == 0)
    return 0;

  // 최솟값을 저장하는 변수입니다.
  int result = INT_MAX;
  for(int i = 0; i < N; i++)
  {
    // 액면가가 S보다 같거나 작은 모든 동전에 대해서 재귀 호출합니다.
    if(coin[i] <= S)
    {
      int temp = minCoins(coin, N, S - coin[i]);

      // 지금까지 최솟값보다 더 작으면 최솟값을 교체
      if(temp + 1 < result)
        result = temp + 1;
    }
  }
```

```
    return result;
}
```

이 코드의 시간 복잡도는 지수 시간이며 이 재귀 호출도 하위 문제를 여러 번 반복 계산합니다. 예를 들어 65원을 거슬러줄 때 50원짜리 동전을 하나 사용하는 경우나, 10원짜리 동전을 5개 사용하는 두 경우 모두 15원이 남으므로 15원에 대한 하위 문제를 각각 반복 계산합니다. 다이내믹 프로그래밍을 적용해봄 직한 문제라는 의미입니다.

물론 메모 전략을 사용해 하위 문제의 반복 계산을 피할 수도 있습니다. 캐시 역할을 하는 배열을 사용해 특정 액수를 거슬러줄 때의 동전의 최소 개수를 처음 구할 때 이 개수를 저장해놨다가 필요할 때 반복 계산하지 않고 그대로 가져다 쓸 수 있습니다. 깃허브의 코드는 책과 달리 재귀 호출 대신 메모 전략을 이용해 구현했으니 참고하세요.

다이내믹 프로그래밍을 사용하는 풀이와 설명

재귀 호출을 사용할 때와 비슷한 방법으로 다이내믹 프로그래밍을 사용할 수 있습니다. 다른 점은 작은 액수부터 큰 액수의 방향으로 구해나간다는 점입니다.

코드 5-14. 다이내믹 프로그래밍으로 거스름돈 동전의 최소 개수를 구하는 함수

```
int minCoins(int *coin, int N, int S)
{
  // resultArray[i]에는 i원을 거슬러줄 때 필요한 최소 동전의
  // 개수를 저장합니다. 마지막에 resultArray[S]를 반환합니다.
  int resultArray[S + 1];

  // S = 0일 때
  resultArray[0] = 0;

  // 최솟값을 구하기 위해 resultArray의 모든 값을 매우 큰 값으로 초기화합니다.
  for(int i = 1; i <= S; i++)
    resultArray[i] = INT_MAX;
```

```
    // 1원부터 계산해 올라갑니다.
    for(int i = 1; i <= S; i++)
    {
      for(int j = 0; j < N; j++)
      {
        // 현재 구하려는 금액보다 작은 액면가의 동전에 대해서만 검사
        if(coin[j] <= i)
        {
          int temp = resultArray[i - coin[j]];
          if(temp != INT_MAX && temp + 1 < resultArray[i])
            resultArray[i] = temp + 1;
        }
      }
    }
    return resultArray[S];
}
```

연습문제 5-13

이번 절 예제에서 주어진 종류의 동전으로 S원을 지불하는 모든 경우의 수를 출력하는 함수를 작성해봅시다.

5.8 철근 자르기

철근[11]은 길이에 따라 서로 다른 가격으로 판매됩니다. 특정 길이의 철근이 있을 때 이를 어떻게 잘라서 파느냐에 따라 이익이 달라질 수 있습니다.

예를 들어 시장에서 판매 중인 철근의 길이별 가격표가 다음과 같다고 합시다.

길이	1	2	3	4	5	6	7	8
가격	1	5	8	9	10	17	17	20

---

[11] 옮긴이_ 철근에 해당하는 원서의 표현은 rod, 즉 막대기입니다. 하지만 막대기를 잘라서 사고파는 게 조금 어색해서 '철근'으로 옮겼습니다.

가지고 있는 철근의 길이가 4라면 이 철근을 자르지 않고 그대로 내다 팔면 9만큼을 벌 수 있는 데 반해, 이 철근을 길이가 2인 두 조각으로 나누어 판매한다면 조각당 5씩 총 10을 벌 수 있습니다. 이런 경우 그냥 파는 것보다 두 조각으로 나누어 파는 것이 이익입니다.

길이가 n인 철근이 있을 때 이 철근을 팔아서 얻을 수 있는 이익의 최댓값을 구하는 함수를 작성해봅시다. 단 철근은 길이 1에서 길이 n까지 정수의 길이로 나누어 판매할 수 있으며 길이별 가격표가 주어집니다.

재귀 호출을 사용하는 풀이와 설명

문제 풀이에 앞서 이 문제의 풀이에 사용하는 가격표는 인덱스가 곧 길이인 배열을 사용한다는 점을 밝혀둡니다. 즉 가격표 배열 value의 value[3]은 길이 3인 철근의 판매 가격입니다. 인덱스는 0부터 시작하므로 value[3]이 길이 4인 철근의 가격을 나타내도록 함수를 호출하려면 코드를 적당히 고쳐야 합니다.

문제에서 제시한 예라면 두 조각으로 나누어서 파는 것이 이익이지만 이때 얻을 수 있는 이익이 최대인지 여부는 아직 확실하지 않습니다. 다르게 자르는 방법도 있기 때문입니다. 다음 표는 막대기를 자를 수 있는 모든 경우의 수와 이때 얻을 수 있는 이익을 나열합니다.[12]

표 5-1. 길이가 4인 철근을 나누는 방법과 각 경우의 이익

나누는 방법	얻을 수 있는 이익
4	9
1, 3	9 (= 1 + 8)
1, 1, 2	7 (= 1 + 1 + 5)
1, 1, 1, 1	4 (= 1 + 1 + 1 + 1)
2, 2	10 (= 5 + 5)

---

[12] 이 예제에서는 철근을 자르는 데 드는 비용은 따로 없다고 가정하고 풀고 있습니다. 면접 시, 문제를 풀기 위해서 가정한 것들을 기술하라는 지시가 있다면 이런 것들을 기술하면 됩니다.

표로 정리해보니 철근을 같은 길이로 두 조각 낼 때 최대의 이익을 얻을 수 있음을 명확히 알 수 있습니다.

이와 같이 모든 가능한 조합을 구하고 각 조합의 판매 금액을 계산해서 이 중 최댓값을 반환하는 재귀 로직은 다음과 같습니다. 여기서 value[i]는 길이 i인 철근의 판매 가격입니다.

```
maxValue(N) = MAX(value[1] + maxValue(N - 1),
                  value[2] + maxValue(N - 2),
                  ...
                  value[N] + maxValue(N - N)
                  )
```

종료 조건은 남은 철근이 없을 때이며, 이때는 팔 물건이 없으므로 0을 반환합니다. 다음 코드는 이 재귀 호출을 구현한 것입니다.

코드 5-15. 재귀 호출을 사용해 최대 이익을 구하는 함수

```
// 두 수 중 큰 수를 반환하는 도우미 함수
int getMax(int a, int b)
{
  return a > b? a: b;
}

// value[i]는 길이 i인 철근의 가격입니다.
int maxValue(int *value, int N)
{
  // 종료 조건 : 남은 철근이 없을 때
  if(N <= 0)
    return 0;

  // 최대 이익
  int price = INT_MIN;

  for(int i = 1; i <= N; i++)
  {
    price = getMax(price,
                   value[i] + maxValue(value, N - i));
```

```
  }
  return price;
}
```

이 코드로 정답을 구할 수는 있지만 크기 N인 최종 목적의 답을 계산하는 과정 중에서 N보다 작은 값들에 대해 maxValue 함수를 반복 호출하는 일이 발생합니다. 다음 그림은 N=4일 때 발생하는 재귀 호출의 구조를 보여줍니다. 그림을 보면 길이 2에 대해서 maxValue 함수가 두 번 호출됨을 알 수 있습니다. N이 매우 크다면 하위 문제의 반복 계산 횟수도 늘어납니다. 이러한 반복 계산에서 볼 수 있듯이 코드의 시간 복잡도는 지수 시간입니다.

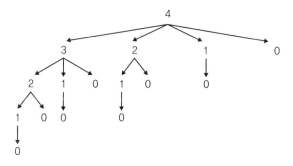

그림 5-28. N = 4일 때 일어나는 재귀 호출의 구조

메모 전략을 사용하는 풀이와 설명

특정 길이에 대해 maxValue 함수가 처음 호출되었을 때 계산을 마치고 값을 반환하기 전에 그 값을 캐시에 저장하면 코드의 실행 속도를 개선할 수 있습니다. 해당 값으로 maxValue 함수를 다시 호출하면 새로 계산하는 대신 캐시에 저장된 값을 바로 반환합니다.

하위 문제의 계산 결과를 저장하는 자료구조로 크기 N+1인 전역 변수 배열 maxValues를 사용합니다. 이 배열의 maxValues[i]에는 길이가 i+1일 때 maxValue 함수의 결과를 저장합니다. 다음 코드를 봅시다.

```
// 메모를 저장할 배열
int maxValues[MAX_N] = {0};

int getMax(int a, int b)
{
  return a > b? a: b;
}

// value[i]는 길이 i인 철근의 가격입니다.
int maxValue(int *value, int N)
{
  if(N <= 0)
    return 0;

  // 이미 계산된 값이 있으면 그 값을 반환
  if(maxValues[N - 1] != 0)
    return maxValues[N - 1];

  maxValues[N - 1] = INT_MIN;

  for(int i = 1; i <= N; i++)
  {
    maxValues[N - 1] = getMax(maxValues[N - 1],
                              value[i] + maxValue(value, N - i));
  }

  return maxValues[N - 1];
}
```

이제 시간 복잡도는 다항식 시간까지 줄어들었습니다. 하지만 여전히 재귀 호출을 사용하므로, 추가로 최적화할 여지가 남아 있습니다.

다이내믹 프로그래밍을 사용하는 풀이와 설명

다이내믹 프로그래밍도 재귀 로직과 유사하지만 길이 0에서 시작해 N으로 계산해 올라갑니다. 여러 번 본 패턴이므로, 로직은 코드 내의 주석을 참고합시다.

```
// 두 수 중 큰 수를 반환하는 도우미 함수
int getMax(int a, int b)
{
  return a > b? a: b;
}


// value[i]는 길이 i인 철근의 가격입니다.
int maxValue(int *value, int N)
{
  // maxValues[i] : 길이 i인 철근을 팔 때의 최대 이익
  int maxValues[N + 1];

  maxValues[0] = 0;   // 길이 0인 철근의 가격은 0

  // 길이 1에서 N까지 계산해 올라갑니다.
  for(int i = 1; i <= N; i++)
  {
    maxValues[i] = INT_MIN;
    // 길이 i인 철근은 i 길이에 해당되는 가격표까지만 필요합니다.
    for(int j = 1; j <= i; j++)
    {
      // i - j 길이의 최대 이익에 j길이 철근의 가격을 더하면
      // i 길이 철근의 판매 가격을 구할 수 있으며, 모든 j에 대해서
      // 최댓값을 취하면 길이 i인 철근을 판매할 때의
      // 최대 이익을 구할 수 있습니다.
      maxValues[i] = getMax(maxValues[i],
                            value[j] + maxValues[i - j]);
    }
  }

  return maxValues[N];
}
```

이 예제의 경우 maxValues 배열에 저장된 길이별 최대 이익은 다음과 같습니다.

길이	0	1	2	3	4	5	6	7	8
최대 이익	0	1	5	8	10	13	17	18	22

다이내믹 프로그래밍을 사용했을 때의 시간 복잡도는 $O(n^2)$으로, 재귀 호출을 사용했을 때의 지수 시간에 비해서 개선되었음을 알 수 있습니다.

5.9 0-1 배낭

상점에 n개의 물건이 있으며, 각 물건에는 무게와 가격이 정해져 있습니다. 이 상점에 도둑이 들어와서 물건을 훔쳐 나가려 합니다. 도둑이 가져온 배낭에는 최대무게 C까지 물건을 넣을 수 있습니다. 물건을 쪼개서 일부만 들고 나갈 수는 없다고 할 때 도둑이 들고 나갈 수 있는 물건 가격의 최댓값을 반환하는 함수를 작성해봅시다. 물건의 무게는 양의 정수입니다.

각 물건의 무게와 가격을 나타내는 배열은 다음과 같습니다.

```
int weight[n];    // 무게를 나타내는 배열
int value[n];     // 가격을 나타내는 배열
```

weight[i]와 value[i]는 각각 i+1번 물건의 무게와 가격입니다.[13]

재귀 호출을 사용하는 풀이와 설명

도둑은 각 물건마다 그 물건을 배낭에 넣을지 말지 두 가지 선택이 가능합니다. 각 경우에 따라 따져봐야 합니다. 물건이 n개 있다고 할 때 n번 물건에 대한 선택은 다음과 같이 두 가지입니다.

1. **물건을 배낭에 넣을 때**: 이 경우 물건은 n-1개가 남으며, 배낭에 추가로 넣을 수 있는 최대 무게는 C-weight[n-1]이 됩니다. 도둑이 훔친 물건의 가치는 value[n-1]만큼 증가하며, n-1개의 물건과 C-weight[n-1]

---

[13] 이 문제를 완전 탐색 알고리즘으로 푸는 방법도 있는데, 모든 물건의 집합 중 가능한 모든 부분집합을 나열한 다음 그중 무게 C를 넘지 않는 집합 중 가격이 최대인 부분집합을 선택하는 것입니다.

의 무게를 넣을 수 있는 배낭이 있는 원래 문제가 남습니다.

2. **물건을 배낭에 넣지 않을 때**: 이 경우 물건은 n−1개가 남으며, 배낭에 추가로 넣을 수 있는 최대 무게는 그대로 C입니다. 도둑이 훔친 물건의 가치도 그대로이며, n−1개의 물건과 C의 무게를 넣을 수 있는 배낭이 있는 원래 문제가 남습니다.

즉, 각 상황에서 가치가 최대인 물건을 배낭에 넣으면 되며, 두 경우 모두 원래 문제와 같은 유형의 작은 문제가 남습니다.

위에서 설명한 재귀 로직을 코드로 옮기면 다음과 같습니다.

코드 5-18. 재귀 호출을 사용해 훔칠 수 있는 물건들의 최대 가격을 구하는 함수

```c
// 두 값 중 큰 값을 반환하는 인라인 도우미 함수
extern inline int getMax(int a, int b)
{
  return a > b? a: b;
}


int knapSack(int C, int* weight, int* value, int n)
{
  // 종료 조건 : 남은 물건이 없거나 배낭이 가득 찼을 때
  if(n <= 0 || C <= 0)
    return 0;

  // n번째 물건의 무게가 C보다 크면 그 물건은 넣을 수 없습니다.
  // 하지만 남은 물건 중에 C보다 작은 다른 물건이 있을지도 모릅니다.
  if(weight[n - 1] > C)
    return knapSack(C, weight, value, n - 1);

  // n번째 물건을 배낭에 넣는 경우
  int carry = value[n - 1] +
              knapSack(C - weight[n - 1], weight, value, n - 1);
  // n번째 물건을 놔두는 경우
  int leave = knapSack(C, weight, value, n - 1);

  return getMax(carry, leave);
}
```

이 코드의 시간 복잡도는 지수 시간($O(2^n)$)입니다. 그림은 생략하겠지만 다른 재귀 호출에서 여러 번 보았던 것처럼, 각 노드가 두 개씩의 자식 노드를 가지고 있는 재귀 호출 구조의 그림을 그릴 수 있으며, 같은 하위 문제를 반복 계산하는 경우도 찾을 수 있습니다.

다이내믹 프로그래밍을 사용하는 풀이와 설명

다이내믹 프로그래밍을 사용할 때 고민할 문제 중 하나는 물건의 최대 가격을 저장하는 방법을 찾는 것입니다. 일반적으로는 값을 결정하는 변수들의 차원만큼의 행렬에 대응하는 배열을 사용합니다.

이 문제에는 배낭의 용량과 물건, 두 개의 변수가 있습니다. 각 행이 물건을 나타내고 각 열이 배낭의 용량을 나타내는 행렬을 생각해봅시다. 이 경우 행렬의 셀 (i, j)는 나열된 물건 중 i번째까지의 물건을 용량 j의 배낭에 집어넣을 때의 최대 가격을 저장하면 됩니다. 이 행렬에는 물건이 0개일 때와 배낭의 용량이 0일 때 값도 저장해야 하므로, 행렬에 대응하는 배열은 다음과 같이 선언해야 합니다.

```
int maxValue[n + 1][C + 1];
```

셀 (i, j)의 값, 즉 배낭의 용량이 j이고 i번째 물건까지의 최대 가격은 다음 둘 가운데 큰 값입니다.

1. i번째 물건을 선택하지 않았을 때 최대 가격: `maxValue[i-1][j]`

2. i번째 물건을 선택했을 때 최대 가격: `value[i-1] + maxValue[j - weight[i-1]]`

물건 i를 배낭에 넣으려면 배낭에는 `j - weight[i-1]`의 무게만큼만 들어 있어야 하므로 물건 i의 가격에 이미 계산한 `maxValue[j - weight[i-1]]`의 값을 더하면 되는 것입니다.

다음 코드는 다이내믹 프로그래밍으로 도둑이 벌 수 있는 최대의 돈을 계산합니다.

코드 5-19. 다이내믹 프로그래밍으로 훔칠 수 있는 물건들의 최대 가격을 구하는 함수

```c
// 두 값 중 큰 값을 반환하는 인라인 도우미 함수
extern inline int getMax(int a, int b)
{
  return a > b? a: b;
}

int knapSack(int C, int* weight, int* value, int n)
{
  int maxValue[n + 1][C + 1];

  // 배낭의 공간이 0일 때 도둑은 아무것도 넣을 수 없습니다.
  for(int i = 0; i <= n; i++)
    maxValue[i][0] = 0;

  // 물건이 하나도 없을 때 도둑은 훔칠 게 없습니다.
  for(int j = 0; j <= C; j++)
    maxValue[0][j] = 0;

  // 배열을 채워 넣습니다.
  for(int i = 1; i <= n; i++)
  {
    for(int j = 1; j <= C; j++)
    {
      // 물건이 배낭의 용량보다 크면 따질 필요 없이 왼쪽 셀을
      // 복사합니다.
      if(weight[i - 1] <= j)
      {
        int x = j - weight[i - 1];
        maxValue[i][j] = getMax(value[i - 1] + maxValue[i - 1][x],
                                maxValue[i - 1][j]);
      }
      else
        maxValue[i][j] = maxValue[i - 1][j];
    }
  }
  return maxValue[n][C];
}
```

이 코드의 시간 복잡도는 $O(Cn)$으로 계산할 수 있는데 물건의 수와 달리 배낭의 용량 C는 상수이므로 실제 시간 복잡도는 선형 시간($O(n)$)입니다. 물건의 무게 및 가격표가 다음과 같다고 합시다.

무게	2	3	4	5
가격	3	4	5	6

이때 배낭의 용량이 5라면 행렬은 다음과 같이 채워집니다.

배낭 용량 \ 물건	0	1	2	3	4	5
0	0	0	0	0	0	0
1	0	0	3	3	3	3
2	0	0	3	4	4	7
3	0	0	3	4	5	7
4	0	0	3	4	5	7

그림 5-29. 완성된 도둑의 이익표

최종 답은 가장 우하단 셀의 값인 7입니다.

연습문제 5-14

이번 절 예제에서 도둑이 배낭에 넣은 물건의 인덱스도 출력하도록 수정해봅시다.

5.10 최장 회문 부분 수열의 길이

문자열의 부분 수열은 5.5절에서 설명한 적이 있습니다. 원래 문자열 내의 글자들 중 상대적 순서를 유지하는 일부분의 수열을 부분 수열이라고 부릅니다.

하나의 문자열이 주어졌을 때 부분 수열 중 회문이 되는 가장 긴 부분 수열의 길이를 구하는 함수를 작성해봅시다. **회문**palindrome이란 정방향으로 읽거나 역방향으로 읽거나 같은 문자열을 뜻합니다.

예를 들어 주어진 문자열이 'BBABCBCAB'라면 이 문자열의 부분 수열 중 'BABCBAB'는 회문인 부분 수열 중 제일 긴 부분 수열이므로 이 부분 수열의 길이인 7을 반환해야 합니다.

재귀 호출을 사용하는 풀이와 설명

X가 주어진 문자열이고 N은 X의 글자 수라고 합시다. 문자열의 첫 글자와 마지막 글자를 비교해보고 두 글자가 같으면 양쪽 글자는 회문이 되는 부분 수열의 일부가 됩니다. 이 경우 앞과 뒤 두 글자를 제거한 후 나머지 문자열에서 회문이 되는 부분 수열을 찾으면 전체 회문 부분 수열을 완성할 수 있습니다. 이를 재귀 호출 로직으로 옮길 때는 회문에서 앞뒤 두 글자를 뺐으니 회문 부분 수열의 길이는 2만큼 증가합니다.

첫 글자와 끝 글자가 다르다면 문자열의 앞 N−1개 글자(즉 마지막 글자를 뺀 나머지)의 부분 수열에서 가장 긴 회문인 부분 수열의 길이를 구하고, 또 문자열의 뒤 N−1개 글자(첫 글자를 뺀 나머지)의 부분 수열에서 가장 긴 회문인 부분 수열의 길이를 구해 이 두 값의 최댓값을 반환하면 됩니다.[14]

이 로직을 C 언어로 구현하면 다음 코드와 같습니다.[15] start는 문자열의 앞부분

---

14 이 문제의 풀이를 이해하기 어렵다면 5.5절 예제를 다시 한번 읽어보고 오는 것이 좋겠습니다.

15 옮긴이_ 이하 코드들에서 LPS는 최장 회문 부분 수열(longest palindromic subsequence)을 의미하며 LPSL은 이 길이(LPS Length)를 의미합니다.

부터 탐색하는 인덱스이며 end는 문자열의 뒷부분부터 탐색하는 인덱스로 각 초 깃값은 0과 n−1입니다. start와 end는 항상 회문 수열인지 검사할 부분 수열의 첫 글자와 마지막 글자의 인덱스의 값을 가집니다. start가 end보다 같거나 클 때가 종료 조건으로, 같다면(즉, 한 글자의 문자열에서 회문을 찾는 경우) 회문의 길이는 1 증가합니다. 한 글자 문자열도 회문이기 때문입니다.

코드 5-20. 재귀 호출을 사용해 최장 회문 부분 수열의 길이를 구하는 함수

```c
int LPS_length(char *str, int start, int end)
{
  // 종료 조건 : start >= end
  if(start > end)
    return 0;
  if(start == end)
    return 1;

  // 첫 글자와 끝 글자가 같을 때
  if(str[start] == str[end])
    return LPS_length(str, start + 1, end - 1) + 2;
  else{
    int left = LPS_length(str, start, end - 1);
    int right = LPS_length(str, start + 1, end);
    // 앞의 예제에서는 getMax라는 별도의 함수를 사용했습니다.
    // 아래와 같이 함수 호출 없이 구현해서 성능을 높일 수 있습니다.
    return left > right? left: right;
  }
}
```

이 코드의 시간 복잡도는 지수 시간($O(2^n)$)입니다. 문자열 내에 같은 글자가 한 번도 반복되지 않을 때가 최악의 경우입니다. 또한 하위 문제를 여러 번 반복 계산하며, 5.5절 예제와 비슷한 방법으로 메모 전략을 사용해 실행 시간을 줄일 수 있습니다.

다이내믹 프로그래밍을 사용하는 풀이와 설명

이 문제의 상향식 풀이법의 출발점은 길이가 1인 문자열의 최장 회문 부분 수열

의 길이부터 찾아나가서 최종적으로 길이가 n인 문자열의 최장 회문 부분 수열의 길이까지 찾아 올라가는 것입니다.

1. **길이가 1인 문자열의 최장 회문 부분 수열의 길이**: 1

2. **길이가 2인 문자열의 최장 회문 부분 수열의 길이**

    2-1. **앞뒤 두 글자가 같은 경우('AA')**: 2

    2-2. **앞뒤 글자가 다른 경우**: 1 (3-2 경우에 포함됩니다)

3. **길이가 3 이상일 때**

    3-1. **앞뒤 글자가 같은 경우**: 첫 글자와 끝 글자를 최장 회문 부분 수열에 추가해야 하므로 두 글자를 제외한 나머지 문자열의 최장 회문 부분 수열의 길이에서 2만큼 증가

    3-2. **앞뒤 글자가 다른 경우**: 최장 회문 부분 수열은 그대로이므로 앞 글자를 제외한 문자열과 뒤 글자를 제외한 문자열 두 개의 최장 회문 부분 수열의 길이 중 큰 값을 가지고 옴

다음은 이 로직을 코드로 구현한 것입니다.

코드 5-21. 다이내믹 프로그래밍으로 최장 회문 부분 수열의 길이를 구하는 함수

```c
int LPS_length(char *str, int n)
{
  // 빈 문자열일 때
  if(str == NULL || *str == '\0')
    return 0;

  // table[i][j]는 str[i]에서 str[j]까지의 길이 j - i + 1 문자열의
  // 최장 회문 부분 수열의 길이를 저장합니다.
  int LPSL_table[n][n];

  // 길이가 1인 문자열은 그 자체로 회문이므로 LPSL의 값은 1입니다.
  for(int i = 0; i < n; i++)
    LPSL_table[i][i] = 1;

  // 길이가 2인 문자열의 LPSL부터 차례로 채워나갑니다.
```

```
  for(int k = 2; k <= n; k++)
  {
    for(int i = 0; i < n - k + 1; i++)
    {
      int j = i + k - 1;
      // 길이가 2이며 두 글자가 모두 같으면 LPSL은 2입니다.
      if(str[i] == str[j] && k == 2)
        LPSL_table[i][j] = 2;
      // 앞뒤 글자가 모두 같으면 두 글자를 제외한 문자열의
      // LPS에 두 글자를 추가합니다. (LPSL_Table[i + 1][j - 1] + 2)
      else if(str[i] == str[j])
        LPSL_table[i][j] = LPSL_table[i + 1][j - 1] + 2;
      // 앞뒤 글자가 다른 경우 LPS가 바뀌지 않으므로
      // 앞 글자를 제외한 문자열의 LPSL과 뒤 글자를 제외한 문자열의
      // LPSL 중 큰 값을 가져오면 됩니다.
      else
        LPSL_table[i][j] = LPSL_table[i][j - 1] > LPSL_table[i + 1][j]?
                           LPSL_table[i][j - 1]: LPSL_table[i + 1][j];
    }
  }
  return LPSL_table[0][n - 1];
}
```

최종 결과는 시작 인덱스가 첫 글자(0)이고 끝 인덱스가 마지막 글자(n−1)인 LPSL_table[0][n - 1], 즉 행렬의 우상단의 값입니다. 참고로 끝 인덱스가 시작 인덱스보다 앞서는 문자열은 존재하지 않기 때문에 행렬의 대각선 아래쪽 값은 채워지지 않습니다(일종의 희소행렬).

이 함수의 시간 복잡도는 $O(n^2)$입니다.

연습문제 5-15

이번 절 예제에서 최장 회문 부분 수열을 출력하도록 수정해봅시다.

5.11 달걀 낙하 퍼즐

달걀을 빌딩에서 떨어뜨릴 때, 그 달걀이 깨질지 깨지지 않을지는 달걀을 떨어뜨린 층수에 따라 달라집니다. 단, i층에서 떨어뜨린 달걀이 깨졌다면 i+1층에서 떨어뜨린 달걀은 항상 깨지며, 반대로 i층에서 떨어뜨린 달걀이 깨지지 않았다면 i−1층에서 떨어뜨린 달걀은 항상 깨지지 않습니다.

동일한 달걀 두 개와 100층짜리 빌딩이 있습니다. 이때 달걀이 깨지기 시작하는 가장 낮은 층을 알아내려면 최악의 경우에 달걀을 몇 번 떨어뜨려봐야 할까요? 단 이 과정에서 달걀은 둘 다 깨져도 상관없습니다.

다이내믹 프로그래밍 문제라기보다는 퍼즐 같아 보이는 문제입니다만, 코딩 면접에서 제시되는 대부분의 퍼즐 문제는 개발자 관점에서 제시할 법한 답이 있습니다. 그러한 답을 보기 위해서 마이크로소프트나 어도비와 같은 회사들의 면접에 퍼즐 문제가 자주 등장합니다.

이 문제에 대해서 내놓을 만한 풀이법 중 가장 나쁜 것부터 이야기해보겠습니다.

선형 탐색 풀이법

- 1층부터 한 층씩 올라가면서 달걀을 떨어뜨려봅니다.

- k층에서 깨졌다면 k번 떨어뜨려본 것이므로 답은 k입니다.

최악의 경우 100번 떨어뜨려봐야 알 수 있습니다. 100층에서도 깨지지 않을 수 있으니까요. 계란이 하나밖에 없다면 이 방법이 유일한 방법입니다. 이 방법은 배열을 처음부터 정방향으로 탐색하는 선형 검색과 같습니다.

이진 탐색 풀이법

1번 달걀은 이진 검색의 방법을 적용하고 2번 달걀은 선형 검색을 사용하는 방법입니다. 100층을 똑같이 둘로 나누고 다음의 알고리즘에 따라 수행합니다.

50층에서 1번 달걀을 낙하시켜봅니다.
　IF (1번 달걀이 깨졌습니까?)
　　1층부터 49층까지 1층씩 차례로 올라가며 2번 달걀을 낙하시켜봅니다.
　ELSE
　　75층에서 1번 달걀을 낙하시켜봅니다.
　　　IF(1번 달걀이 깨졌습니까?)
　　　　... (반복)

이 경우 최악의 경우 50번 낙하시켜야 답을 알 수 있습니다.

고정 간격 낙하 풀이법

이진 탐색 풀이법에서는 빌딩의 층수를 절반으로 나누어가며 1번 달걀을 떨어뜨려봤습니다. 문제는 2번 달걀입니다. 1번 달걀에 사용하는 이진 탐색은 지수 시간($O(\log n)$) 알고리즘이지만 2번 달걀에서는 여전히 선형 탐색을 사용하기 때문입니다.

정확히 절반씩 나누면서 1번 달걀을 떨어뜨리는 대신 다른 간격으로 1번 달걀을 떨어뜨려보면 어떨까요? 예를 들어 전체 층(100)을 4개의 구간으로 나누어보는 겁니다. 그다음 1번 달걀을 25층, 50층, 75층, 100층의 순서로 떨어뜨려보는 겁니다. 1번 달걀을 50층에서 떨어뜨렸을 때 깨졌다면 2번 달걀은 26층부터 49층까지 한 층씩 올라가면서 떨어뜨려보면 됩니다.

1번 달걀을 떨어뜨리는 층의 간격을 고정된 값 k라고 하면 다음 로직을 적용할 수 있습니다.

```
CurrentFloor = k
WHILE (CurrentFloor <= 100)
  CurrentFloor에서 1번 달걀을 떨어뜨립니다.
  IF(1번 달걀이 깨졌습니까?)
    2번 달걀을 (CurrentFloor - k + 1)층부터 (CurrentFloor - 1)층까지
    한 층씩 올라가면서 떨어뜨려봅니다.
  ELSE
    CurrentFloor = CurrentFloor + 1
```

k=25라면(4구간으로 나눴다면) 최악의 경우 28번 떨어뜨려야 몇 층에서 깨질지를 알 수 있습니다. 물론 이것이 최적의 풀이법인지는 아직 알 수 없습니다. 다음 표는 100층 빌딩에서 구간 수에 따른 최소 낙하 횟수를 보여줍니다.

표 5-2. 구간의 수에 따라 필요한 최소 낙하 횟수

구간 수	필요한 낙하 횟수	구간 수	필요한 낙하 횟수
1	100	9	19
2	51	10	19
3	35	11	19
4	28	12	19
5	24	13	19
6	21	14	20
7	19	15	20
8	19	16	21

처음에는 필요한 최소 낙하 횟수가 줄어들다가 특정 값 이후부터는 증가하기 시작합니다. 그러므로 이 방법을 통해 구할 수 있는 필요한 최소 낙하 횟수는 19라 할 수 있습니다.

가변 간격 낙하 풀이법

이번에는 1번 달걀을 떨어뜨리는 간격을 고정하지 말고 떨어뜨릴 때마다 조정하는 방법을 생각해봅시다.

최적의 풀이법에서 얻을 수 있는 필요 최소 낙하 횟수를 x라고 하고, 1번 달걀을 k_1층에서 떨어뜨렸다고 합시다. 1번 달걀이 처음 떨어뜨릴 때 깨진다면 2번 달걀은 k_1-1회 떨어뜨려봐야 합니다. 두 개의 달걀을 최소한 k_1번 떨어뜨려야 하는데 최적해가 x이므로 $k_1=x$가 됩니다.

두 번째 낙하에서 1번 달걀이 깨졌다면 어떻게 될까요? 두 번째 떨어뜨린 층수가

k_2라고 하면 2번 달걀은 k_1+1층부터 k_2-1층까지 총 k_2-k_1-1번을 떨어뜨려봐야합니다. 여기에 1번 달걀을 두 번 떨어뜨렸으므로 최소한 k_2-k_1+1번을 떨어뜨려봐야 알 수 있습니다. 앞의 경우와 마찬가지로 최적해가 x이므로 $k_2-k_1+1=x$, 즉 $k_2-k_1=x-1$이 됩니다. 즉 첫 번째 떨어뜨릴 때보다 간격을 1만큼 줄여야 한다는 의미입니다.

이와 같이 간격을 하나씩 줄여가면서 100층까지 올라가봐야 하므로 다음과 같은 방정식을 세울 수 있습니다.

$$x+(x-1)+(x-2)+\ldots+(1)\geq100$$

이 방정식을 풀면 $x\geq13.65\ldots$이므로 x의 최솟값은 14입니다. 즉 100층 빌딩에서 2개의 달걀로 몇 층에서 달걀이 깨지는지를 알기 위해서는 최악의 경우에 최소한 14번은 던져봐야 합니다.

1번 달걀을 낙하시켜보는 층수는 다음과 같습니다.

14, 27(=14+13), 39(=14+13+12), 50(=14, 13, 12, 11), 60, 69, 77, 84, 90, 95, 99, 100

어느 때건 1번 달걀이 깨지면 이전 시행한 층의 바로 위층부터 2번 달걀을 한 층씩 올라가면서 떨어뜨려보면 됩니다.

재귀 호출을 사용하는 풀이와 설명

이 문제를 x개의 달걀을 사용해 n층의 빌딩에서 실험하는 것으로 일반화해봅시다. p층에서 달걀을 떨어뜨렸을 때, 달걀은 깨지거나 깨지지 않거나 두 가지 중 하나입니다.

- 달걀이 깨졌다면 달걀이 깨지기 시작하는 층은 p층보다 아래에 있습니다. 그러므로 x-1개의 달걀을 사용해 p-1층의 구간(1층에서 p-1층까지)을

확인해보면서 달걀을 떨어뜨리는 횟수를 세면 됩니다.

- 달걀이 깨지지 않았다면 달걀이 깨지기 시작하는 층은 p층보다 위에 있습니다. 그러므로 x개의 달걀을 사용해 n−p층의 구간(p+1층에서 n층까지)을 확인해보면서 달걀을 떨어뜨리는 횟수를 세면 됩니다.

최악의 경우의 최솟값을 찾아야 하므로 두 경우 중 큰 값을 모든 층에 대해서 구한 다음 모든 층에서 구한 이 값의 최솟값을 반환하면 됩니다.

코드 5-22. 재귀 호출을 사용해 최악의 경우의 최소 낙하 횟수를 구하는 함수

```
// n층의 빌딩, x개의 달걀
int eggDropTrial(int n, int x)
{
  // 0층은 0번, 1층은 1번 던져보면 되며,
  // 만약 달걀이 1개인 경우 1층부터 꼭대기까지 n번 던져봐야 합니다.
  if(n == 1 || n == 0 || x == 1)
    return n;

  int minTrial = INT_MAX;

  for(int p = 1; p <= n; p++)
  {
    int broken = eggDropTrial(p - 1, x - 1);  // 깨진 경우 - 아래층으로
    int notBroken = eggDropTrial(n - p, x);   // 깨지지 않은 경우 - 위층으로
    // 최악의 경우이므로 두 경우 중 큰 값이 필요합니다.
    int thisTrial = broken > notBroken? broken: notBroken;
    // 최악의 경우의 최솟값이므로 최솟값을 구합니다.
    minTrial = minTrial > thisTrial? thisTrial: minTrial;
  }
  // 1번 던진 후의 결과이므로 1을 더해서 반환합니다.
  return minTrial + 1;
}
```

재귀 호출 구조를 그림으로 그려보면 하위 문제를 여러 번 반복 계산함을 확인할 수 있을 겁니다. 즉 다이내믹 프로그래밍으로 개선할 수 있는 종류의 문제입니다.

다이내믹 프로그래밍을 사용하는 풀이와 설명

최악의 경우 최소 시행 횟수를 저장하기 위해서 2차원 배열을 사용합니다.

```
int trialCount[x + 1][n + 1]
```

j층의 빌딩에서 i개의 달걀을 사용할 때 필요한 최소 낙하 횟수는 `trialCount[i][j]`에 저장됩니다. 빌딩은 0층인 경우부터 따져봐야 하지만 달걀은 0개인 경우를 따질 수 없기 때문에 `trialCount[x][n + 1]`로 정의해도 되지만 이 경우 층수 인덱스와 달걀 인덱스의 체계가 달라져서 코드를 이해하기 어려우므로 이같이 정의하고 대신 달걀 개수가 0인 경우(x=0)는 무시합니다.

다음과 같이 이 배열을 채워나갑니다.

1. 0층은 0번, 1층은 1번 떨어뜨려보면 됩니다.

2. 달걀이 1개인 경우 항상 층수만큼 떨어뜨려봐야 합니다.

3. 달걀의 개수별로 배열을 채워나갑니다. 달걀이 i개, 빌딩은 전체 높이가 j층인 경우(`trialCount[i][j]`) j층 이하의 모든 k층에 대해 필요한 횟수를 구한 다음 이 중 최솟값이 필요한 최소 낙하 횟수입니다. k층에서 달걀을 떨어뜨릴 때 필요한 횟수는 다음과 같습니다.

   3-1. **달걀이 깨진 경우**: 달걀은 i-1개, 빌딩은 k-1층인 경우의 값

   3-2. **달걀이 깨지지 않은 경우**: 달걀은 i개, 빌딩은 j-k층인 경우의 값

   두 값 중 큰 값에 낙하 1회를 추가하면 k층에서 낙하시킬 때 필요한 횟수입니다.

다소 로직이 복잡한데 이해가 될 때까지 코드와 함께 천천히 읽어봅시다.

```
// 두 수 중 큰 수를 반환하는 인라인 도우미 함수
extern inline int getMax(int a, int b)
{
  return a > b? a: b;
}


// n층의 빌딩, x개의 달걀
int eggDropTrial(int n, int x)
{
  // trialCount[i][j]는 j층의 빌딩에서 i개의 달걀을 사용할 때
  // 필요한 최소 낙하 횟수를 저장합니다. 달걀이 0개일 때는 고려할
  // 필요가 없으므로 trialCount[x][n + 1]로 정의해도 되지만
  // 이러면 층수 인덱스와 체계가 달라서 코드를 이해하기 어려우므로
  // 코드의 가독성을 위해 아래와 같이 정의합니다.
  int trialCount[x + 1][n + 1];

  // 0층은 0번, 1층은 1번 던져보면 됩니다.
  for(int i = 1; i <= x; i++)
  {
    trialCount[i][0] = 0;
    trialCount[i][1] = 1;
  }

  // 달걀이 1개일 때는 항상 층수만큼 던져야 합니다.
  for(int j = 1; j <= n; j++)
    trialCount[1][j] = j;

  // 배열의 나머지를 채웁니다.
  for(int i = 2; i <= x; i++)
  {
    for(int j = 2; j <= n; j++)
    {
      trialCount[i][j] = INT_MAX;
      // j층까지 모든 층 k에 대해서
      for(int k = 1; k <= j; k++)
      {
        // (달걀이 깨진 경우) i - 1개의 달걀로 k - 1층까지의
        // 시행 횟수와 (달걀이 깨지지 않은 경우) i개의 달걀로
        // j - k층까지의 시행 횟수 두 값 중 더 큰 값이 최악의
        // 경우입니다.
```

```
        int thisTrial = 1 + getMax(trialCount[i - 1][k - 1],
                                    trialCount[i][j - k]);
        // 최악의 경우의 최솟값을 구해야 합니다.
        if(thisTrial < trialCount[i][j])
          trialCount[i][j] = thisTrial;
      }

    }
  }
  return trialCount[x][n];
}
```

이 코드의 시간 복잡도는 다항식 시간($O(xn^2)$)입니다. 다른 문제들과 달리 달걀의 개수, 빌딩의 층수 모두 입력 조건에 따라 달라지는 변수입니다. 재귀 호출을 사용했을 때의 지수 시간에 비해서 개선된 시간 복잡도입니다.

여러 개의 예제를 통해서 다이내믹 프로그래밍 사용법을 설명했습니다. 풀이와 설명을 읽지 않고 구현할 수 있을 때까지 고민하면서 연습해봅시다. 고민하면서 풀어야 하는 문제야말로 좋은 문제입니다.

PART 4

부록은 덤이다

알고리즘의 효율성
(시간과 공간 복잡도)

원서에는 없는 내용이지만, 이 책에서 주로 다루는 다이내믹 프로그래밍의 효율을 이해하려면 반드시 시간 복잡도와 공간 복잡도를 알아야 합니다. 물론 알고리즘의 효율성을 다루는 좋은 책과 자료가 이미 많이 있습니다. 여기서는 개념을 소개하고 예제로 이해해보는 정도까지만 다룹니다.

A.1 알고리즘의 시간 복잡도

우선 간단한 예제를 하나 볼까요?

코드 A-1. 배열에 난수를 대입하고 출력

```c
// N은 변수입니다.
int number[N];
srand(time(NULL));
for(int i = 0; i < N; i++)
{
  number[i] = rand();
  printf("%d\n", number[i]);
}
```

위 코드는 배열 number의 각 원소에 난수를 대입하고 이 값을 출력합니다. 위 코드를 살펴보면 N의 숫자가 커지며 커질수록 프로그램이 실행해야 하는 명령의 개수가 많아지고, 이에 따라 프로그램의 실행 시간도 늘어나지요.

위 프로그램이 실행되는 과정은 다음과 같습니다.

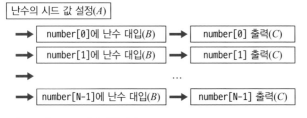

그림 A-1. [코드 A-1]의 실행 과정

난수의 시드 값을 설정하는 데 필요한 시간을 A, 변수에 난수를 대입하는 데 필요한 시간을 B, 변수의 값을 출력하는 데 필요한 시간을 C, 그리고 배열의 크기를 N이라고 할 때 위 프로그램이 실행되는 데에는 $A + N \times (B + C)$만큼의 시간이 필요합니다. 여기서 주의해야 할 값은 N입니다. 다른 값들은 프로그램이 어떤 일을 하느냐에 따라 결정되는 반면 N은 프로그램이 얼마만큼의 데이터를 다루느냐에 따라 결정되는 값이며, 알고리즘의 성능에 가장 크게 영향을 미치는 수입니다.

앞의 프로그램은 N 값이 증가함에 따라서 선형적으로 실행 시간이 증가합니다. 알고리즘의 효율성을 실행 시간으로 평가할 때는, 이와 같이 입력 데이터의 크기를 기준으로 실행 시간이 어떻게 변화하는지를 따지는 것이 일반적입니다.

위 코드는 N이 증가하면 이에 비례해서(선형적으로) 프로그램의 실행 시간이 늘어납니다. 알고리즘을 평가할 때는 이를 $O(N)$이라고 쓰고 **선형 시간**linear time의 시간 복잡도를 가진다고 말합니다. 이 표기법에 대해서는 곧이어 다시 설명합니다.

예제를 하나 더 봅시다.

코드 A-2. 배열에 난수를 대입하고 출력

```
// N은 상수입니다.
int number[N];
srand(time(NULL));
for(int i = 0; i < N; i++)
{
  number[i] = rand();
}
for(int i = 0; i < N; i++)
{
  printf("%d\n", number[i];
}
```

앞의 코드와 완전히 같은 일을 하지만 여기서는 두 개의 루프로 나뉘어 있습니다. 이같이 계산해보면 이 프로그램을 실행하는 데 필요한 시간은 $A + N \times B + N \times C = A + N \times (B + C)$입니다. 즉 앞의 코드와 같은 값이 됩니다. 루프가 하나 더 있으므로 루프에 들어가고 나오는 시간 때문에 컴파일러에 따라 실제 실행 시간은 조금 다를 수도 있습니다. 하지만 알고리즘을 평가할 때는 이런 부분은 제외하고 평가합니다.

A.2 시간 복잡도와 빅오 표기법

방금 설명한 것처럼 입력의 크기와 문제를 해결하는 데 걸리는 시간과의 함수 관계를 **시간 복잡도**time complexity라고 합니다. 입력 크기의 함수이기 때문에 시간 복잡도는 입력의 크기와 무관한 다른 값(앞에서 본 코드의 A, B, C)은 일종의 상수로 취급합니다.

이런 시간 복잡도를 표현하는 방법 중 대표적인 방법이 **빅오 표기법**big O notation입니다. 앞의 코드를 빅오 표기법으로 표현하면 $O(N)$인데, 이 표기법의 엄밀한 수학적 정의를 설명하는 것은 이 책의 목적에 맞지 않고[1] 대신 의미를 풀어 쓰면 다음과 같습니다.

이 알고리즘의 실행 시간의 증가 비율은 N의 증가 비율을 넘어서지 않습니다.

다른 코드를 보겠습니다. 여기부터는 파이썬 코드입니다.

코드 A-3. (구구단과 비슷한) NN단을 출력하는 코드

```python
def polynomial(N):
  for i in range(0, N):
    for j in range(0, N):
      print('%d ' % (i * j), end='')
    print()

polynomial(10)
```

이 코드는 N회의 루프 내에서 N회의 루프를 중첩해서 실행합니다. 즉 출력이

---

[1] 옮긴이_ 엄격한 시간 복잡도의 정의는 수학적으로 정의됩니다. 이와 관련한 자세한 내용은 다른 알고리즘 자료를 찾아보도록 합시다.

$N \times N$ 회만큼 수행됩니다. 이 코드의 시간 복잡도를 빅오 표기법으로 나타내면 $O(N^2)$입니다. N이 2배가 되면 실행 시간도 4배가 되며, N이 k배가 되면 실행 시간도 k^2배가 됩니다. 이 알고리즘의 실행 시간 증가 비율은 N^2의 증가 비율을 넘어서지 않습니다.

루프가 3번 중첩되면 $O(N^3)$, 4번 중첩되면 $O(N^4)$와 같은 시간 복잡도를 가지는데, 이와 같이 입력 크기의 지수 형태의 시간 복잡도를 **다항식 시간**polynomial time이라고 부릅니다. 이 중 다항식 시간 중에서도 지수가 1인 경우, 즉 $O(N)$인 경우는 선형 시간이라고 부릅니다.

어떤 코드에 4중 루프와 3중 루프가 겹치지 않고 병행에서 등장하는 경우 시간 복잡도는 $O(N^4) + O(N^3)$과 같이 쓸 수 있을 텐데, 이 경우 세제곱의 증가율이 네제곱의 증가율을 넘어설 수는 없으므로 간단히 $O(N^4)$으로 줄인다는 점도 기억해둡시다.

다항식 시간에서는 지수의 값이 크면 증가폭이 매우 가파르므로 지수가 3만 넘어가도 그렇게 좋은 알고리즘이라고 할 수 없습니다. 하지만 다항식 시간보다 더 나쁜 알고리즘들도 있습니다. 알고리즘에 따라서는 $O(2^N)$의 시간 복잡도를 가지는 알고리즘(즉 N이 증가하면 실행 시간은 2^N의 비율로 증가)도 있습니다. 이런 알고리즘을 **지수 시간**exponential time 알고리즘이라고 부릅니다. 다음 예를 볼까요?

코드 A-4. 2^N을 재귀 호출로 구하는 코드

```python
def exponential(N):
  if N <= 0:
    return 1
  else:
    return exponential(N - 1) + exponential(N - 1)
```

이 코드는 N의 값이 하나 작아질 때마다 두 갈래로 갈라집니다. 한 계단 내려갈 때마다 횟수가 2배씩 증가해 결국 2^N개의 1을 더해서 (직관적인 방법으로) 2^N을 계산합니다. N의 값이 증가함에 따라 계산하는 횟수는 2^N의 비율로 증가함을 쉽게 이해할 수 있습니다. 즉 이 알고리즘의 시간 복잡도는 $O(2^N)$입니다. 책의 본문에서도 많은 재귀 호출이 두 갈래 혹은 세 갈래로 경우를 나누어 이루어졌습니다. 이러한 재귀 호출은 대부분 갈래 수만큼의 값에 해당되는 지수 시간의 알고리즘입니다(즉 두 갈래로 나뉘는 경우 $O(2^N)$, 세 갈래로 나뉘는 경우 $O(3^N)$).

이외에도 로그 시간($O(\log N)$), 선형 로그 시간($O(N \log N)$), 계승 시간($O(N!)$), 상수 시간($O(1)$) 등이 자주 다뤄지는 시간 복잡도입니다. 이 책에서는 주로 선형 시간, 다항식 시간, 지수 시간 알고리즘을 다뤘으며, 특히 지수 시간의 알고리즘(재귀 호출)을 다항식 시간의 알고리즘(메모 전략 또는 다이내믹 프로그래밍)으로 개선하는 데 초점을 맞췄습니다.

다음 표는 입력 N의 값이 증가함에 따라 어떤 추이로 실행 시간이 증가하는지를 보여줍니다.

표 A-1. 시간 복잡도에 따른 실행 시간의 증가 추이(log는 밑이 2인 로그로 계산)

입력 크기	상수 시간 $O(1)$	로그 시간 $O(\log N)$	선형 시간 $O(N)$	선형 로그 $O(N \log N)$	다항식 시간 $O(N^2)$	$O(N^3)$	지수 시간 $O(2^N)$
0	1		0		0	0	1
1	1	0	1	0	1	1	2
2	1	0.6931471	2	1.3862943	4	8	4
3	1	1.0986122	3	3.2958368	9	27	8
4	1	1.3862943	4	5.5451774	16	64	16
5	1	1.6094379	5	8.0471895	25	125	32
6	1	1.7917594	6	10.750556	36	216	64
7	1	1.9459101	7	13.621371	49	343	128
8	1	2.0794415	8	16.635532	64	512	256
9	1	2.1972245	9	19.775021	81	729	512
10	1	2.3025850	10	23.025850	100	1000	1024
11	1	2.3978952	11	26.376848	121	1331	2048

표에서 계승 시간은 생략했습니다. 값이 너무나 극적으로 커져서 비교할 필요도 없기 때문입니다. 충분히 큰 N에 대해서(위 표에서는 N이 10 이상만 되면) 각 알고리즘의 실행 시간의 순서는 다음과 같아집니다.

상수 시간 < 로그 시간 < 선형 시간 < 선형 로그 시간 <

다항식 시간 < 지수 시간 < 계승 시간

실행 시간의 관점에서 알고리즘을 최적화한다는 말은 '더 높은 시간 복잡도의 알고리즘을 더 낮은 시간 복잡도의 알고리즘으로 개선'한다는 의미로 이해해도 거의 맞습니다. 예를 들어 어떤 문제에 대해서 지수 시간의 시간 복잡도를 가진 풀이법과 다항식 시간의 시간 복잡도를 가진 풀이법이 있다고 가정하면, 다항식 시간의 시간 복잡도를 가진 풀이법을 찾아내는 것이 개선된 알고리즘을 찾는 작업이 됩니다.

또한 같은 다항식 시간의 알고리즘이라도 항의 차수를 낮출 수 있다면 이 또한 개선이라고 말할 수 있습니다. 항상 그런 것은 아니지만 대부분의 경우 재귀 호출 횟수를 메모 전략을 사용해 줄일 때가 전자의 경우이며 다이내믹 프로그래밍을 적용할 때가 후자의 경우입니다.

A.3 공간 복잡도

어떤 알고리즘을 수행할 때 필요한 메모리 또는 저장소도 시간 복잡도와 유사하게 계산하고 표기합니다. 예를 들어 어떤 알고리즘이 입력의 크기 N에 대해서 $N \times N$ 크기의 2차원 배열과 N 크기의 1차원 배열이 필요하다면, 이때 이 알고리즘의 **공간 복잡도**space complexity는 $O(N^2)$ 입니다.

면접이나 프로그래밍 대회에서는 보통 문제의 제약 조건으로 수행 시간과 함께 사용하는 메모리의 크기를 지정합니다. 이는 필요에 따라서 알고리즘이 사용하는 메모리의 크기도 아낄 수 있는 만큼 아껴야 한다는 의미입니다. 이 책 후반부 예제들은 프로그램이 사용하는 저장 공간의 크기보다는 함수의 호출 횟수를 줄이는 방법으로 메모리 절약을 추구했습니다. 하지만 같은 함수 호출 조건에서는 프로그램이 불필요한 메모리를 사용하지 않도록 관리하는 것 또한 중요한 이슈입니다. 부록 B에서 실제 프로그래밍 검정 환경이 우리의 실수를 어떻게 처리하는지를 보여주면서 이 부분에 대해 살펴보겠습니다.

A.4 마치며

이상으로 알고리즘의 효율성을 평가하는 시간 및 공간 복잡도에 대한 개념을 간단히 소개했습니다. 이 내용을 제대로 다루려면 몇 페이지로는 불가하며, 한 권의 책으로 소개하기에도 모자람이 없습니다. 특히 면접 과정에서 알고리즘의 시간 복잡도를 전문적으로 묻는 문제가 나올 수 있으므로, 이 내용을 전문적으로 다루는 다른 서적을 참고하는 것이 바람직합니다.

코딜리티 활용하기

코딜리티 소개 및 실습

코딜리티 이용 팁

최근 코딩 테스트는 온라인 테스트와 오프라인 테스트를 병행하는 경우가 종종 있습니다. 온라인에서 문제가 주어지면 지원자는 그 문제를 풀어서 제출하고, 제출한 답을 추후 오프라인에서 면접자가 평가하면서 지원자에게 이런저런 질문을 하는 방식으로 이루어집니다.

몇몇 회사에서는 여기서 한발 더 나아가 지원자가 제출한 코드를 자동으로 평가해서 평가 결과를 면접자에게 제공하는 경우도 있습니다. 이런 자동 채점 환경에서는 문제를 해결하는 데 걸린 시간, 코드의 실행 시간, 프로그램의 메모리 사용량, 정확한 동작 여부 등을 기준으로 평가합니다. 면접자는 이런 평가 결과를 바탕으로 지원자를 선별하거나, 구술 면접 시 평가 결과를 바탕으로 지원자에게 이런저런 질문을 던질 수 있습니다.

B.1 코딜리티 소개 및 실습

몇몇 IT 기업은 이런 테스트 환경을 다른 IT 회사에 제공해주는 사업 모델을 선보이고 있습니다. 코딜리티^{Codility}도 이런 회사 중 하나입니다. 옮긴이가 최근 이직한 회사에서도 코딜리티 환경을 통해서 코딩 테스트를 진행하고 있습니다(옮긴이 본인도 코딜리티의 코딩 테스트를 통과해서 현재 직장에 근무하고 있습니다).

코딜리티는 개발자들의 연습 및 환경 체험을 위한 사이트를 제공합니다 (*https://app.codility.com/programmers*). 이 사이트의 연습 페이지에서 온라인 코딩 테스트 환경을 간접 체험해볼 수 있습니다. 문제가 한국어로 제공되지 않는다는 단점이 있지만 코딩 연습을 겸해서 온라인 코딩 테스트 경험을 해볼 수 있으므로 코딩 면접을 준비하고 있다면 한 번쯤 들여다볼 가치가 있습니다.

무료로 풀 수 있는 문제도 많이 있습니다. 다음 그림은 코딜리티의 Lesson 3: Time Complexity 중 'PermMissingElem' 연습문제를 실행한 화면입니다 (*https://bit.ly/2lYzaNg*).

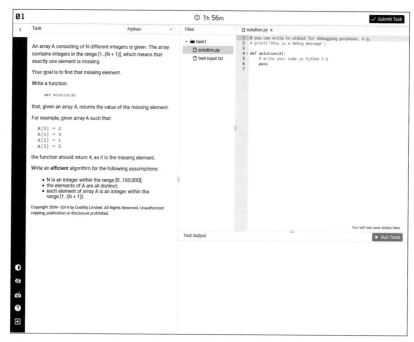

그림 B-1. 코딜리티 테스트 환경 예제

왼쪽 창에는 문제가 주어지며, 오른쪽 창에는 코드를 작성하고 테스트할 수 있는 개발 환경이 주어집니다. 코드 작성 시에는 사용할 프로그래밍 언어를 선택할 수 있습니다. 이 책에서 다룬 C 언어나 파이썬 외에도 자바, C++, PHP 등 널리 사용되는 언어 상당수를 사용할 수 있습니다.

코딜리티 환경의 경우는 정해진 서명의 함수를 작성하면 테스트할 때 이 함수를 실행한 결과를 사용해 코드를 평가합니다. 이때 단순히 코드의 결과뿐 아니라 코드의 실행 시간도 측정합니다. 작성한 코드를 제출(Submit Task)하기 전에는 테스트(Run Tests)를 해볼 수 있는데 이때 몇 개의 기본 테스트 입력값이 주어집니다. 필요에 따라 test-input.txt 파일을 수정해 직접 테스트 입력값을 추가할 수도 있습니다.

이 문제는 N개의 원소를 가진 배열이 1에서 N+1까지의 값 중 하나를 중복 없이 가질 때 빠진 값을 찾아내는 함수를 구현하는 문제입니다. 예를 들어 주어진 배열이 [2, 3, 1, 5]라면 4를 찾아내는 함수를 작성하는 문제입니다. 먼저 배열을 정렬한 다음 배열을 순차적으로 탐색하면서 빠진 숫자를 찾아내면 됩니다.

이 문제를 예시를 위해 1.1절의 버블 정렬을 사용해 C 언어로 다음과 같이 풀어보겠습니다.1

코드 B-1. 버블 정렬을 사용해서 만든 풀이법

```c
#include <stdio.h>

void swap(int *a, int *b)
{
  *a ^= *b;
  *b ^= *a;
  *a ^= *b;
}

void bubbleSort(int *arr, int n)
{
  for(int i = 0; i < n - 1; i++)
    for(int j = 0; j < n - i - 1; j++)
      if(arr[j] > arr[j + 1])
        swap(&arr[j], &arr[j + 1]);
}

int solution(int A[], int N)
{
  bubbleSort(A, N);
  for(int i = 0; i < N; i++)
  {
    if(i + 1 != A[i])
      return i + 1;
  }
}
```

---

1 옮긴이_ 코딜리티의 테스트 환경에서는 main() 함수나 작성한 함수를 호출하는 부분을 작성할 필요가 없습니다. 이 부분은 테스트 환경이 기본으로 제공합니다.

그러면 다음과 같은 결과를 얻습니다.

```
Compilation successful.
Compiler output:
  func.c: In function 'solution':
func.c:26:1: warning: control reaches end of non-void function
[-Wreturn-type]
}
^

Example test:   [2, 3, 1, 5]
OK
```

사소한 경고가 나왔지만(사실은 사소하지 않습니다) 테스트가 잘 끝났으니 제출만 하면 됩니다. 하지만 제출 버튼을 눌러보면 100% 만점에 10%라는 참담한 결과가 나옵니다(평가에 시간이 조금 걸립니다). 어떤 사연이 뒤에 숨어 있을까요?

그 사연은 결과 페이지의 결과 분석(Analysis summary)에서 찾아볼 수 있습니다. 이 결과 분석을 읽어보면 어떤 종류의 테스트 입력값에서 실패했는지를 알 수 있습니다. 이런 테스트 입력값은 보통 문제를 푸는 시점에는 숨어 있습니다. 우리가 테스트를 할 때 적절한 테스트 입력값(매우 큰 범위 혹은 가장자리 값의 검사)도 고려해야 하는 이유입니다.

사실 문제에서 기본적으로 주어지는 테스트 입력값은 매우 기본적인 경우일 뿐입니다. 예를 들어 입력 배열이 [1, 2, 3, 4]라면 함수는 5를 반환해야 하는데 우리가 작성한 함수는 아무것도 반환하지 않습니다. 이런 경우를 검사하기 위해서는 기본적으로 제공되는 테스트 입력값 이외에도 여러 가지 경우의 테스트 입력값을 추가하여 제출 전에 검사해보는 것이 바람직합니다.

일단 빠진 값이 제일 마지막 값(즉 N+1)인 경우도 값을 반환하도록 코드를 다음과 같이 수정하고 제출해봅시다.

```c
#include <stdio.h>

void swap(int *a, int *b)
{
  *a ^= *b;
  *b ^= *a;
  *a ^= *b;
}

void bubbleSort(int *arr, int n)
{
  for(int i = 0; i < n - 1; i++)
    for(int j = 0; j < n - i - 1; j++)
      if(arr[j] > arr[j + 1])
        swap(&arr[j], &arr[j + 1]);
}

int solution(int A[], int N)
{
  bubbleSort(A, N);
  for(int i = 0; i < N; i++)
  {
    if(i + 1 != A[i])
      return i + 1;
  }
  return N + 1;
}
```

하지만 제출 결과를 확인해보면 여전히 50%의 점수밖에 받지 못할 겁니다. 그 이유를 결과 분석에서 찾아보면 시간 제한 오류(timeout error)가 발생했음을 알 수 있습니다.

문제의 지문에는 '효율적인 알고리즘'을 찾으라고 되어 있는데 우리가 제출한 코드가 그렇게 효율적인 알고리즘이 아니라는 지적입니다. 어떤 테스트에서는 명시적으로 얼마만큼의 시간 안에 얼마만큼의 메모리 내에서 문제를 해결하라고 명시하기도 합니다.

사실 이 코드에 사용한 버블 정렬은 그렇게 효율적인 정렬 알고리즘이 아닙니다. 퀵 정렬quick sort이라는 버블 정렬보다 빠른 정렬 알고리즘이 흔히 사용됩니다. C 언어에서는 stdlib.h에 정의된 qsort() 함수를 사용하면 됩니다.

다음은 qsort()를 사용해서 수정한 코드입니다.[2]

코드 B-3. 퀵 정렬을 사용해 만든 개선된 풀이법

```c
#include <stdio.h>
#include <stdlib.h>

int static compare(const void* a, const void *b)
{
  if(*(int*)a > *(int*)b)
    return 1;
  else if(*(int*)a < *(int*)b)
    return -1;
  else
    return 0;
}

int solution(int A[], int N)
{
  qsort(A, N, sizeof(int), compare);
  for(int i = 0; i < N; i++)
  {
    if(i + 1 != A[i])
      return i + 1;
  }
  return N + 1;
}
```

결과를 볼까요? 짠! 우리가 그토록 원하던 100%의 점수를 얻을 수 있습니다.

---

2 옮긴이_ 문제가 퀵 정렬 자체를 구현하라는 문제가 아니라면 위와 같이 언어가 기본 제공하는 함수를 사용해도 무방합니다. 전체 프로그램의 성능을 고려해야 한다면 오히려 이런 기본 제공 함수를 사용하는 게 훨씬 유리합니다.

그림 B-2. 100점 만점에 100점!

B.2 코딜리티 이용 팁

코딜리티 환경을 사용할 때의 주의점은 다음과 같습니다.

- 제출 버튼을 누르고 난 다음에는 수정의 기회가 없습니다. 테스트 실행을 사용해 충분히 테스트한 다음 제출하도록 합시다.

- 빨리 제출한다고 좋은 점수가 나오지는 않습니다. 시간이 남으면 더 좋은 풀이법이 있는지를 고민해보고 더 다양한 테스트 입력값으로 작성한 프로그램을 테스트해봅시다.

- 연습 예제에서는 하나의 테스트가 한 문제로 구성되어 있지만 실제 시험에서는 정해진 시간 안에 복수의 문제를 풀어야 합니다. 이 경우 쉬운 문제와 어려운 문제 간의 시간 배분에 신경을 써야 합니다.

- 모든 온라인 코딩 테스트가 그렇지는 않지만 코딜리티 테스트에서는 외부 도구를 사용해도 무방합니다. 즉 편한 개발 환경에서 개발한 다음 복사 & 붙여넣기로 코딜리티 테스트 환경에 입력해도 됩니다.

- 다양한 테스트 입력값으로 테스트해봅시다. 특히 가장자리 경우를 세심하게 살펴보도록 합시다. 무엇보다 중요한 것은 기본적으로 제공되는 테스트 입력에서 성공했다 할지라도 숨겨진 테스트 입력은 훨씬 가혹하게 구성되

어 있으므로 실패할 가능성이 있음을 절대로 잊지 맙시다.

- 하나의 테스트가 여러 문제로 구성되어 있을 때 특별한 지시 사항이 없다면 문제마다 다른 언어로 작성해도 됩니다. 예를 들어 포인터를 써서 쉽게 풀 수 있는 문제는 C 언어로 풀고 문자열 토큰화가 필요한 문제는 이를 쉽게 할 수 있는 자바나 파이썬으로 문제를 풀어도 됩니다.

INDEX